丛书编委会

总　策　划： 来新国　王文成

编委会主任： 郭齐勇　周晓亮

编　　　委： 来新国　陈知涯　张　彧　尹格韬　沈　众

王文成　孟淑贤　周长志　罗养毅　秦　丹

乌　琛

大家精要

辜鸿铭

宋书强 著

Gu Hongming

陕西师范大学出版总社

图书代号 SK16N1479

图书在版编目（CIP）数据

辜鸿铭 / 宋书强著. —西安：陕西师范大学出版总社
有限公司，2017.5（2024.1重印）
（大家精要）
ISBN 978-7-5613-7340-8

Ⅰ.①辜… Ⅱ.①宋… Ⅲ.①辜鸿铭（1856—1928）—
传记 Ⅳ.①K825.4

中国版本图书馆CIP数据核字（2017）第045398号

辜鸿铭　GU HONGMING

宋书强　著

责任编辑	王西莹
责任校对	王淑燕
封面设计	张潇伊
出版发行	陕西师范大学出版总社
	（西安市长安南路199号　邮编710062）
网　　址	http://www.snupg.com
印　　制	永清县晔盛亚胶印有限公司
开　　本	650 mm×930 mm　1/16
印　　张	10
字　　数	100千
版　　次	2017年5月第1版
印　　次	2024年1月第2次印刷
书　　号	ISBN 978-7-5613-7340-8
定　　价	45.00元

目　录

第 1 章

生在南洋 学在西洋

一、华侨家庭的混血儿

南洋华侨家世传奇

"我之姓'辜'，考其姓氏由来，祖先最早必定是些罪犯。但这并不足以引以为羞；如果你数典忘祖，那才真正可耻！""五四"前后，在给北大的学生谈到自己这个少见的姓氏时，辜鸿铭这样说。"辜"字在古代汉语里确实有"罪"的意思，而一些关于姓氏的书中，也有犯罪后感到悔恨而改姓辜的说法。但是，如果据此以为辜鸿铭喜欢自毁祖先，那就错了，这是老辜惯常的讲话方式。拿祖先说事，不过是虚晃一枪，真正要讨伐的则是他眼中那些所谓"数典忘祖"的西化行为。其实辜鸿铭从未说起过辜家先祖的事迹。即使是他那迁往南洋的近祖，他也很少提及。

辜鸿铭于 1857 年 7 月（咸丰七年）出生在南洋英属马来亚（马来西亚独立前的称呼）的槟榔屿（今槟城）的一个华侨之家。辜家原籍福建厦门同安，所以辜鸿铭自称是厦门人，他的英文名就是 Amoy Ku（辜厦门）。不过现在同安很少有辜姓，偶尔有也和辜鸿铭并不同祖。还有一种说法是，辜家的先祖本姓陈，世代在福建厦门同安捕鱼为生。传到了第十二世陈敦源的时候，一次陈敦源酒后失手伤人，为躲避官府的缉拿，携带家眷出逃到南洋，最后在马来半岛的槟榔屿落户，成为开垦这块蛮荒之地的华人前驱。时过境迁，陈敦源痛定思痛，罪疚之心难以释怀，于是干脆改姓辜，以示悔罪之意。因此，辜鸿铭宣称自己的祖先是罪犯不是没有依据的。

辜家先祖因何迁到槟榔屿，我们并不清楚。但可以确定的是，一直到辜鸿铭的曾祖辜礼欢时，辜家才在当地立住了脚并逐渐兴旺发达起来。当时槟榔屿上的居民并不多，除了当地土著居民和少量印度人之外，半数以上的人口都是辗转来此谋生的华人。这些华人主要来自中国南部的福建、广东和海南等地，以捕鱼、开掘锡矿和种植橡胶为生。辜礼欢本来也是一个很穷的劳工，大概靠捕鱼生活，不过他为人厚道老实、勤劳能干，又比较热心，逐渐成为岛上华侨当中有些威望的首领，在当地土著和印度人当中也有一定的影响力。

槟榔屿位于马来亚北部，是一个面积约二百八十平方公里的小岛，以盛产槟榔而得名。岛上终年阳光普照，森林遍布各处。公元 1786 年，英国殖民者占领了马来半岛，并将槟榔屿改名为"威尔斯王子岛"。据说由赖特带领的殖民船队首次在这块人生地不熟的小岛登陆时，辜礼欢最先带领几个淳朴的当地人赶来表示友好和欢迎之意，并送给赖特一条渔网。赖特等人大为高兴和感激，认为辜礼欢是"当地最可敬的华人"。于是英国人在这里建立殖民统治后，赖特推荐了辜礼欢担任当地居民的行政首脑——首任甲必丹（Captain，指首领和头目），职责是协助殖民政府处理当地事务。捕鱼出身的辜礼欢成为当地的甲必丹之后，在英国人的帮助下又开始经商，同时兼事垦殖，地位、财富和声望都与日俱增，成为当地的显赫人物。

辜礼欢的儿子当中，有出息的当数辜国财、辜安平和辜龙池三人。辜安平小时候被送回中国读书，考中了进士，并曾在晚清名臣林则徐手下为官，后来调到台湾任职。据说现在台湾的巨商显贵辜显荣和辜振甫等人就是他的直系后人。辜国财和辜龙池则继承了辜礼欢的衣钵，在政治上继续保持了和英国殖民者的合作关系。辜国财曾经协助英国的东印度公司占领新加坡，并在这里大兴建设，使得新加坡成为一个自由港，是到新加坡最早的中国人之一。辜龙池则曾在马来亚的吉打州政府中担任要职，后来又回到槟榔屿定居。辜龙池有个儿子不喜欢像父亲那样从政，而是帮助一个叫布朗的英国商人在槟榔屿经营橡胶园，他就是辜紫云，辜鸿铭的亲生父亲。由于认真负责、精明能干又善于管理，辜紫云把橡胶园经营得很出色，颇得布朗的赏识和信任，成为老板的密友。

辜紫云的家庭是一个中西合璧的家庭。辜紫云是中国人，黑头发黑眼睛黄皮肤，操一口流利的闽南话，也能讲马来语和英语。而他的妻子，则是一个金发碧眼的西方人，说一口流利的葡萄牙语和英语。辜紫云家里是以英语和闽南话作为双料的会话语言的，这种家庭环境，也使得辜鸿铭自幼就对语言有着出奇的理解力和记忆力。在辜鸿铭之前，辜紫云已经有了一个儿子，名叫辜鸿德。1857 年 7 月 19 日，辜紫云的第二个儿子又在马来亚的酷暑盛夏呱呱坠地。这意味着辜家的家族将进一步壮大繁荣，欣喜的父亲给儿子取名"汤生"（Tomson），字鸿铭。"鸿铭"的意思是"功德铭文"，包含了辜紫云对儿子长大后建功立业、光宗耀祖的期望。由于出生在跨国婚姻的家庭里，辜鸿铭和他哥哥在外貌上都有比较深的中西合璧的烙印：

黑头发微微泛黄，眼窝很深，黑眼睛透着蓝光，鼻梁高挺，皮肤白皙，一副混血儿的模样。辜鸿铭从小就聪颖异常，言行伶俐，性情也与众不同，所以深得父母的疼爱，并且也很受橡胶园老板布朗的喜欢。膝下无子的布朗夫妇，在征得辜紫云的同意之后，把辜鸿铭收为自己的义子。

幼童心中的中国根

出生在望族家庭里的辜鸿铭，幼年生活是相当优裕的。在他的眼里，家乡只有广阔无垠的蔚蓝色大海，一片片的白色沙滩，层层叠叠的热带丛林，连接不断的橡胶园和一栋栋的洋房别墅。这些熟悉的景象，辜鸿铭很多年后还一次次回味着，认为自己的家乡"有高山、有大海，风景好得很呢"。

但是，小辜鸿铭也敏感地看到，在这片美丽的土地上，大多数的华人并非像他那样无忧无虑，而是每天都在艰辛地劳动，挥洒着血汗和泪水。

辜鸿铭很小的时候，从他父祖辈口中听到过一些关于中国到马来亚的古老而神奇的传说。据说很久以前，这里被印度人霸占，他们拒绝外人在这个岛上登陆。后来一群头发和胡子都白了的人驾着一艘大船来到这里，他们的船上载着一棵高大粗壮的树，手中用的铁杵都已经锈迹斑斑。守在这里的印度人惊奇地问这些人从何而来，船上人回答说："我们是从中国来的。"印度人问："中国在哪里，离这里有多远啊？"船上的人回答："有多远我们也不知道。只记得当初启程时，我们都是青壮年，现在头发都白了。落在船上的一粒种子，现在已经变成参天大树，而我们用的铁杵，也锈成现在这般模样，你说中国到这里有多远呢？"这些印度人感到非常的惊奇和钦佩，就允许中国人在这里上岸。这是当地流传很广的传说，华侨们谈起来常常为中国人的勇敢、毅力和智慧感到骄傲。这些传说，使得辜鸿铭小时候就萌发出对自己祖国的向往之情。

但辜鸿铭并不知道，华侨口中那遥远而神奇的祖国，此刻正遭受着几千年历史上从来没有过的浩劫。1840 年，正是英国人以鸦片问题为借口，用炮舰打开了中国尘封已久的国门，逼迫清王朝签署了近代第一个割地赔款、丧权辱国的不平等条约——《南京条约》。虚骄自大的天朝上国，在所谓的"蛮夷之邦"面前，充分暴露了自己的自欺、虚弱和无能。之后，西方列强沿着英国的足迹纷至沓来，他们以武力为后盾，纷纷逼迫清王朝签订不平等条约，开始在中国攫取各种利益。

辜鸿铭出生的那一年，正是洪秀全等人掀起的太平天国运动在南中国进行得如火如荼的时候。为了剿灭这场大规模的农民起义，清王朝可谓焦头烂额，心力交瘁。恰恰在这个过程中，西方的英法两国又联起手来发动了第二次鸦片战争，大清的国都北京城被外国人占领，当时的咸丰皇帝带着大臣们仓皇逃到承德避暑山庄。这场战争最后又是以一个不平等条约——《北京条约》的签订而告终。第二次鸦片战争对清王朝的打击更大：京城失陷并受到战火的破坏，号称"万园之园"的圆明园在遭到洗劫之后被付之一炬；咸丰皇帝没有来得及回京就死在了承德。更可恨的是，沙皇俄国趁火打劫，侵占了中国东北和西北的大片领土……中国这个古老的国家，在内忧外患当中，一步步地向半殖民地的深渊沉沦。

本来中国南部沿海，特别是福建、台湾、广东等地的居民，很早就有漂洋过海外出谋生的传统。中国遭到列强侵略，封建经济一步步解体之后，一些边海的贫民因生计所迫，不得不漂洋出海找一个糊口的地方。很多人则被西方殖民者骗上了海船，贩到南洋各地，贱卖给当地的殖民者。这种充满了辛酸和血泪的人口贸易，当时称为"猪仔贸易"。马来亚的华人当中，就有好多是这种"出番"的"猪仔"。他们经过重重艰险到了当地之后，又在谋生和立足的过程中历经艰辛。大多数人的工作，都是充当低贱的苦力。槟榔屿上的华人当中，有少数的商人，而大多是来谋生的贫民或被贩来的华工。他们做的工作，是垦荒、捕鱼、开掘锡矿和种植橡胶之类的体力活，地位是很低贱的。辜家这样的华人家庭，虽然是当地的望族，但是与英国殖民者相比，那就只能是"二等公民"了。

中华民族的海外游子，无论漂泊在世界上的哪个角落，都不会忘记自己的根。槟榔屿上的华人，也有着很强的归宗意识。他们把中国的传统和信仰带了过来，非常强调家族团结，有一个祭祀福建陈姓祖先的祠堂，甚至还有一家完全中国式的寺院——极乐寺。辜鸿铭的父亲辜紫云，也是一个传统文化意识极强的人。他操一口流利的闽南家乡话，家里常年供奉祖宗牌位，逢年过节必定认真祭拜。每到这个时候，辜紫云都会在供奉着祖先牌位的大案前摆好水酒、果品和祭牲等供品，恭恭敬敬地上香。在香火的缭绕中，辜紫云先是自己跪下作一番虔诚的祭拜，然后命令鸿德和鸿铭两个儿子跪倒在地，叩下头去，并告诫两个儿子说："我们的祖国在遥远的地方，但不论我们身在何处，都不能忘了那里是我们祖先的家园。"父亲的话，在辜鸿铭幼小的心灵中深深地植入了一条中国的根。

二、留学欧洲的前辈少年

初入英伦

大约在 1867 年前后，橡胶园园主布朗夫妇要离开马来亚，回到英国苏格兰老家。临行之前，他们把橡胶园全权委托给辜紫云代管，并且想把义子辜鸿铭也带到苏格兰。辜紫云夫妇同意了布朗的请求。这是因为两家人之间的关系亲如一家，布朗肯定会好好照顾辜鸿铭的；另外更重要的是，小辜鸿铭是在南洋当地接受的启蒙教育，但是南洋毕竟落后，到英国后他可以接受更好的教育，在学业上继续深造，这是望子成龙的辜紫云很看重的。临行前，父亲在祖宗的牌位前摆上供品，令辜鸿铭焚香跪拜，并语重心长地对他说："不论你走到哪里，不论你身边是英国人、德国人，还是法国人，都不要忘记，你是中国人！"最后，辜紫云告诫道："现在我是完全把你托付给布朗先生了，你什么事都应该听他的话。只有两件事我要叮嘱你：第一，你不可进耶稣教；第二，你不可剪辫子。"就这样，辜鸿铭离开了自幼生长的南洋，随着布朗夫妇远渡重洋，来到布朗先生的家乡——苏格兰的爱丁堡市，开始了他接受全面系统的西方教育的十余年留学生涯。当时他的年龄只有十余岁。在中国近代留学史上，要是论留学西洋时间之早、留学时间之长、学习西学之系统完整的话，辜鸿铭算是数得着的人物。

在辜鸿铭之前，中国留学西方的著名人士似乎只有容闳一人。容闳是于 1847 年到美国留学的。辜鸿铭到欧洲学习两三年后，容闳率领的中国第一批官派留学生，一群平均年龄很小的幼童才踏上赴美国求学的道路。至于到欧洲国家留学的，辜鸿铭恐怕是近代中国的第一人。这段经历给辜鸿铭平添了几分夸耀的资本，晚年在日本讲学时，他就自称是"中国受过欧洲教育的人中资格最老的一个"。

初次踏上英伦三岛的土地，辜鸿铭觉得自己好像进入了另外一个世界：鳞次栉比的高楼大厦，穿梭往来的马车汽车，琳琅满目的各种货物……大英帝国本土的繁荣与发达，与南洋殖民地的荒凉落后简直有天壤之别。

那时的英国，虽然本土只是一个人口仅有八百多万的岛国，却是世界上最强大的国家。辜鸿铭所在的爱丁堡市，是苏格兰的故都，人称"北方的雅典"，因为这座城市的外观总是让人联想到希腊的雅典。爱丁堡又被称为"欧洲最美的城市"，有着美丽的自然风光，是观光客的乐园。此外，它还是座文化底蕴深厚、名人辈出的城市，哲学家休谟、小说家柯南·道尔、经济学的主要创立者亚当·斯密都诞生在这里。

义父的调教

辜鸿铭的义父布朗不仅是一位成功的商人和富翁，也是一位很有教养的牧师，一个很有思想的人。在他看来，蓬勃发展中的英国乃至整个欧洲，其实已经走上一条错误的道路：工业化破坏了人与自然的关系，人与人之间也变得淡漠和利益化，穷人和富人都在不断增多，社会道德规范正在逐渐崩溃；对外，标榜"文明"的欧洲各国和美国又变成了"野兽国家"，仗恃轮船、火车、枪炮，杀人放火，疯狂侵略别的国家。欧洲社会高度发达的物质文明之下，蕴藏着深刻的精神危机和文化危机。当年布朗的父亲一心想让他做个学者，可是布朗还是违背了父亲的意思，选择了经商的道路，成为父亲眼里"下流没有希望的人"。成为富翁之后的布朗才渐渐明白了父亲的苦心，他曾告诉辜鸿铭："我因为自己没有按照父亲的期望，成为一个世界上的著名学者，痛心极了！早在十几年前，我随着做买卖，走遍世界各地，到处留心找一个聪明的小孩，也没有找着……我看你很聪明，够资格，才把你选中。"布朗把他的厚望全部放在了他的养子身上，说："我若有你的聪明，甘愿做一个学者，拯救人类；不做一个百万富翁，造福自己。让我告诉你，现在欧洲国家和美国都想侵略中国，但是欧洲各国和美国的学者却有很多想学习中国的。我希望你能够学通中西，就是为了教你担起强化中国，教化欧美的重任，能够给人类指出一条光明的大道，让人能过上真正是人的生活！"

对养子寄予厚望的布朗，在生活上给了辜鸿铭最为优裕的条件。同时，在对他的教育上，布朗更是投入了大量心血，精心地给辜鸿铭设计人生的蓝图。从南洋回到苏格兰后，布朗就把辜鸿铭送到当地一所著名的贵族中学——苏格兰公学读书。后来又把辜鸿铭转入英国的一所文法学校，让他接受优秀而严格的语言和文学训练，这为辜鸿铭后来精通拉丁文和希腊文等语言文字打下了良好的基础。依照布朗的计划，辜鸿铭应该先在英国学好语言和人文科学，然后到德国学习自然科学，再到法国学习政治和了解世故人情。待辜鸿铭学成之后，才可以回中国修习本国的传统文化。

布朗本人有的时候也亲自对辜鸿铭施教。辜鸿铭的英文从小就有了相当的基础，况且又身处苏格兰，不愁学不成英文，所以布朗决定先教他德文。辜鸿铭后来回忆说，布朗先生的教法略异于西方的传统，倒像是中国的私塾。他要求辜鸿铭随他一起背诵歌德的长诗《浮士德》。布朗告诉辜鸿铭："在西方有神人，却极少有圣人。神人生而知之，圣人学而知之。西方毛奇是武圣，歌德是文圣。要学好德文，必须先背熟歌德的名著《浮士德》。你现在不懂德语，所以我说一句，你背一句。"他比比划划地边表演边朗诵，然后要求辜鸿铭模仿着他的动作背诵，十分有趣。辜鸿铭对这高深的德国名著并不懂，极想知道《浮士德》书里讲的是什么，但布朗坚持不肯逐字逐句地讲解。他说："没关系，只求你说得熟，并不求你听得懂。听懂再背，心就乱了，反倒背不熟了。等你把这本书背得——用你们中国一句话——倒背如流之时，我再讲给你听吧！"这样半年多的时间，如同念咒一般地模仿背诵，辜鸿铭稀里糊涂地便把一部《浮士德》大致背了下来。与此同时，布朗还教辜鸿铭数学知识，并且请他的一个朋友做辜鸿铭的家庭教师，教他物理和化学，给他打下科学知识的基础。

第二年布朗才开始给辜鸿铭讲解《浮士德》。他认为越是晚讲，了解就越深，因为经典著作不同于一般著作，任何人也不能够一听就懂。这段时间里辜鸿铭并没有停顿对《浮士德》的记诵，已经做到"倒背如流"了。有一次布朗问辜鸿铭："你学了《浮士德》，有什么感想？"辜鸿铭说："我的思想由简单转入复杂，由浮浅转入渊深了。"布朗说："科学知识不也是由简单到复杂，由浮浅入渊深么！"辜鸿铭答道："我觉得科学知识是物质世界的变化规律，越研究越细密，越细密越清楚。文学的知识是精神世界的变化规律，越研究越渺茫，越渺茫越糊涂。我看浮士德这个人，不是什么好人，上帝不应该派天使救他。至于文学词句的深奥难懂，与科学词句的简明易懂，差别就更大了。"布朗陷入了沉思，说："这个问题不是我们两个人能回答的。欧美各国研究浮士德的人成千上万，发表批评浮士德的文章太多了。我看他们都没有资格批评浮士德，有资格批评浮士德的，只有一个人，那就是卡莱尔。"这是辜鸿铭第一次听说卡莱尔，这个后来对他影响很深的人物。

第二天，布朗安排辜鸿铭开始学莎士比亚的戏剧。由于辜鸿铭的英文已经有了不错的基础，所以这次学习没有背熟再讲，而是边讲边学。布朗为辜鸿铭定下了半月学一部戏剧的计划。八个月之后，见辜鸿铭记诵领会奇快，计划又改为半月学三部。这样大约不到一年，辜鸿铭已经把莎士比亚的37部戏剧都烂熟于心了。

在辜鸿铭背熟莎士比亚的戏剧之后，布朗又问他："你学了莎士比亚有什么感想?"辜鸿铭说:"莎士比亚反映现实生活,是是非非,清清楚楚,一望而知,不似浮士德哲思深远,是是非非,恍恍惚惚,没法分辨。至于文字,莎士比亚、浮士德都美妙极了!"

布朗认为辜鸿铭的英文和德文水准已经超过了一般大学毕业的文学学士,将来足可运用自如了。但辜鸿铭只学了诗和戏剧,尚未正式涉及散文。于是布朗安排辜鸿铭读英国著名的文学和史学大师卡莱尔的历史名著——《法国革命史》。辜鸿铭此次基本转入自学,自己慢慢读慢慢背,遇有不懂的词句再去请教别人。但只读了三天,辜鸿铭就哭了起来。布朗吃惊地问:"你怎么了?"辜鸿铭回答说:"散文不如戏剧好背。"布朗又问辜鸿铭背诵的进度,发现他每天读三页,于是释然:"你每天读得太多了。背诵散文作品每天半页到一页就够多了。背诵散文同样是求熟不求快,快而不熟则等于没学。"于是辜鸿铭便接着记诵卡莱尔的《法国革命史》。他越读越有兴致,可是读多了便无法背熟。若按布朗的要求慢慢来,又控制不了自己的好奇心。就这样时快时慢地把卡莱尔的《法国革命史》读完了。后来辜鸿铭终于征得布朗的同意,可以随便阅读义父家中的藏书了。由于他出众的语言天赋和学习能力,许多书籍他虽然只是随便翻阅,但也在不经意间"过目成诵"了。

辜鸿铭深厚的西方素养极得益于童年背诵《浮士德》、莎士比亚的戏剧和《法国革命史》等西方名著的经历。他后来在北京大学教英文诗时,有学生向他请教掌握西文的妙法,他答曰:"先背熟一部名家著作做根基。"辜鸿铭曾说:"学英文最好像英国人教孩子一样的学,从小教他们背诵儿歌,稍大一点就教背诗背圣经,像中国人教孩子背四书五经一样。"他认为,"今人读英文十年,开目仅能阅报,伸纸仅能修函,皆由幼年读一猫一狗之式教科书，是以终其身只有小成。"绝大多数人都遵循的由字母而单词再简单拼句的学习方法，容易使学习者在一开始就对外国语言在心理上产生隔阂情绪，并不利于真正掌握这门语言。而背诵名家著作的方法乍看强度大，难度亦大，其实则不然，关键在于它能创造一种真实的诵读感受。辜鸿铭把它作为自己的语言学习良法，也用它来教别人。

四年过后，辜鸿铭不仅初步完成了布朗拟定的家庭教学计划，而且以出色的成绩修完了所在中学的各门主要课程，顺利毕业。这使得布朗不禁暗自为养子的聪明而感到骄傲。辜鸿铭十四岁时的学术造诣，就已经非一般人所能比了。

浪漫主义大师的影响

大约在 1873 年前后，辜鸿铭以优异成绩考入爱丁堡大学文学院，专修英国文学。爱丁堡大学是英国一所古老而又著名的学府，哲学家休谟、小说家司各特、历史学家卡莱尔、生物学家达尔文等一大批大师级的人物都毕业于此。而辜鸿铭所崇拜的一代大师卡莱尔，不仅毕业于爱丁堡大学，而且还担任着这所大学的校长。

卡莱尔是英国著名的文学家和历史学家，《法国革命史》是他在历史学方面的代表作。卡莱尔是英国浪漫主义思潮的代表人物。这里的"浪漫主义"是 18 世纪后期和 19 世纪上半叶在欧美风行一时的一种文化思潮，主要体现在文学领域，但也蔓延到文化和艺术的各个部门。这种思潮的典型特征，是从各种角度来否定和批判发展中的资本主义近代文明，反对资本主义对个性的压迫，反对庸俗、卑鄙、无聊和资产阶级那种平凡的兴趣，同时抨击社会上贫富悬殊、拜金主义、人性的异化、现实民主政治的虚伪，以及种种不合理的现象和本质。与此同时，又从人类积累下来的精神财富中吸取营养，维护人们心中的"神性""良知""道义"等优秀的精神品质。作为浪漫主义的文学家和历史学家，卡莱尔是一位刻薄的反现代化的社会批评家，西方文化保守主义的代表人物。而他反现代化和谴责西方近代文明弊端的思想武器之一，就是古老中国的文化和政治。在厌倦了本国工业社会带来的社会弊端、道德沦丧和战争扩张等问题之后，东方中国几千年来延续不断的优秀文化传统，与世无争、优雅宁静的生活态度与谦让好礼的精神，中国社会独特的稳定，都给卡莱尔等人以巨大的吸引力。在那个中国文化的声誉早已衰退的时候，卡莱尔却在欧洲屡屡称颂中国的文化和政治，因此被称为中国文化的一位西方知音。

辜鸿铭进入爱丁堡大学时，卡莱尔年事已高，不能亲自登台给学生讲课，而是让他的大女儿代讲。但有时他也来到课堂，放个转椅，坐在讲台旁边听着，偶尔会做个总结，或者回答学生的问题。求知欲极强的辜鸿铭，自然千方百计寻求亲自向大师请教的机会。他的义父布朗，恰好是卡莱尔的老朋友。布朗多次亲自带辜鸿铭到卡莱尔家里求教，听卡莱尔父女讲解问题。从此辜鸿铭成为卡莱尔的入室弟子之一。

在爱丁堡大学的四年，辜鸿铭完全沉溺在浪漫主义的殿堂中，用心地咀嚼着前辈大师们留下来的智慧之果。"'现金的王国'，是人民贫困的根源。""如今的西方是'混乱加上一条枪'。"卡莱尔先生这些抨击西方社会的警句格言，辜鸿铭都铭记在心，后来更是经常引用。卡莱尔身上的强烈批判精神、尖刻的词锋也注入了他的灵魂，影响了辜鸿铭的一生。除了卡莱尔外，其他文化保守主义大师们的著作也对他产生了很大的震动。阿诺德的《文化与混乱》一书，他不知读了多少遍。这位颇具宗教精神和贵族气质的英国人对古希腊罗马社会的无限向往，对近代西方实用主义、重商主义的深恶痛绝，都在感染着辜鸿铭。他太赞同阿诺德对文化的理解和对西方社会失去文化的谴责了："一个鄙视文学、鄙视艺术、鄙视自然、鄙视怜悯，把全部精神集中在小钱上的国家，是不能不受惩罚而安然存在下去的。"而美国浪漫主义的代表人物爱默生，对资本主义制度下人的异化的揭示，也常常让辜鸿铭感慨："神甫蜕化成一个空架子，律师蜕变成一部法典，工匠蜕变成一台机器。总之，人蜕变成物件，各种各样的物件。"

浪漫主义大师们对西方物质文明的谴责，让在此之前只看到英国的繁荣昌盛的辜鸿铭大为震撼；而他们对道德的强调、对传统的坚持，特别是某些大师对中国文明的好感，则让辜鸿铭感到吃惊和好奇。

在卡莱尔看来，中国古代"文人当政"的统治模式是让人称赞的，而中国古代的皇帝简直就是令人"崇拜的英雄"，在他们的统治下，中国没有像欧洲那样的"七年战争，三十年战争，法国大革命，以及其他一些令人恐惧的战争"。他嘲讽西方的议会民主制度，欣赏中国的科举制度，认为像中国那样筛选最聪明的人来进行统治是全人类最可宝贵的尝试。他为中国古代的民主思想感到惋惜。"世界已经走上了一条错误的道路，人的行径、社会组织——典章、文物——是根本错误的"，卡莱尔对辜鸿铭说，"人类的一线希望，是中国的民主思想，可叹！据我所知，民主思想，在中国始终没有实现。待传播到欧洲以后，掀起了法国大革命，又好像一根火柴一阵风吹灭了，徒有民主制度，没有民主精神。"在卡莱尔的笔下和口中，中国既神秘又令人向往。

和卡莱尔相比，爱默生对中国儒家文明的赞赏有时更为由衷和热烈。他钦佩孔子的"絜矩之道"和"中庸之德"，认为作为中国文化象征的孔子，是全世界各民族的光荣，是"哲学上的华盛顿"。

随着学习的深入，辜鸿铭发现，其实早在启蒙时代，就有很多人向西方介绍中国。启蒙思想家伏尔泰曾经说过："当我们还是野蛮人的时候，（中国）这个民族已经有高度的文化了。"他赞美中国是"世界上唯一的将政治和伦理道德相结合的国家"，"中国人是所有的人中最有理性的人"。莱布尼茨也意识到中国文化对于西方文化的发展的重要性，认为它是医治西方弊病的良方，并为此向欧洲社会发出忠告："在我看来，我们目前处于道德沦落难以自拔之境，我甚至认为必须请中国派遣人员，前来指导我们关于自然神学的目的和实践，正如我们派遣传教士到中国传授上帝启示的神学一样。"

每当读到这些对于中国文明的赞赏之辞，辜鸿铭都会陷入沉思。在怀疑、兴奋之余，他的心中又常常会涌出一种惭愧：在南洋槟榔屿的时候，父亲辜紫云就一直教诲他自己是个中国人，这一点他从来都不敢忘记，但是对于自己祖国的文化，他了解得实在是太少了！

"中国"这两个字带给辜鸿铭的总是一种特别的感觉。来英国这么多年，在义父布朗先生的关爱下，辜鸿铭过着很优裕的生活。但是每当走在大街上，他那异样的发黄的皮肤和脑后拖着的长辫，总是经常招来鄙视的眼光和恶意的嘲讽。特别是一些放肆的孩子，有时还会跟在辜鸿铭后面叫喊："瞧啊，支那人的猪尾巴！"每到这个时候，辜鸿铭都会感到羞辱。有一次他在饭店上男厕所，更是被女管理员生生拽出，塞进了女厕。但是辜鸿铭却没有剪掉脑后的辫子，他不敢违背父亲的告诫，也不愿意就这样低头屈服。渐渐地，他开始讨厌四周这些傲慢的英国人。一种意识在辜鸿铭的脑海里渐渐扎了根，那就是他常说的："他们看不起我们。"西方人总是一贯地轻视和侮辱中国人，这也是他后来对西方人的态度极端刻薄的重要原因。

有意思的是，在英国留学期间，辜鸿铭最终还是把辫子剪了，原因是为了他的邻居——一位活泼可爱的英国姑娘（一说饭店女服务员）。这位姑娘对辜鸿铭的辫子很感兴趣，两人在一起时常爱不释手地把玩。有一次她调皮地问辜鸿铭："你这条辫子真好，你能把它送给我吗？"辜鸿铭马上拿起一把剪刀，"咔嚓"一声将留了十几年的辫子剪了下来，送给了对方。在这一刻，父亲的告诫已经被他忘到九霄云外了。辜鸿铭一生对女人都是很慷慨的。不过这次冲动的代价是：再留一条这么粗长的辫子是很不容易的。后来他回到中国后，很长一段时间脑后面垂着的都是一条难看的小辫。

但是当时的辜鸿铭，对于剪掉辫子一事并没有什么太大的感觉。无论有没有辫子，他都已变得前所未有的自信和坦然。当他看到那些西方人虔诚的祷告基督，深情地给故去的亲人献花的时候，也想到了在槟榔屿时，每次逢年过节父亲都要率领自己和哥哥祭拜祖先的事情。于是后来他也有板有眼地在自己的住处做了个祭台，每到节日，都摆上丰盛的祭品，一丝不苟地遥祭祖先。有一次，房东老太太看到辜鸿铭在供桌前跪拜祖先的样子，指着桌上丰盛的祭品，嘲笑他说："你的祖先什么时候会来这里享受你的这些酒菜啊？"辜鸿铭当即不假思索地答道："应该就在你们的主听到你们的祷告之声，或者你们的先人闻到你们所献鲜花花香的时候吧！"那时的辜鸿铭，就已经完全懂得怎么用嘴皮子教训那些傲慢无礼、不懂得尊重其他民族习惯的西方人，维护自己的骄傲和自尊了。

在爱丁堡大学求学期间，辜鸿铭除了经常向卡莱尔等人请教、聆听大师的教诲之外，还立志要遍读学校图书馆所藏希腊、拉丁文的文史哲名著，经常在图书馆一泡就是一整天。几年的坚持，使得辜鸿铭阅读和背诵了大量的西方书籍。后来有和辜鸿铭接触过的西方学者感叹道："这个怪人，谁能跟他比呢！他大概是没出娘胎，就读了书了，他开口老庄孔孟，闭口歌德、伏尔泰、阿诺德、罗斯金。没有一件事，他不能引上他们一打的句子来驳你，别瞧那小脑袋，装的书比大英博物馆的图书馆还多几册呢。"辜鸿铭的好友凌福彭的女儿凌叔华也回忆说，辜鸿铭直到古稀之年仍然能完整而准确地背诵出许多西方名著。辜鸿铭的博闻强记和遍览群书，在那个时期是很出名的。当时的人多认为辜鸿铭的博学在于他的天赋聪明，但是辜鸿铭晚年却对人说："其实我读书时主要的还是坚持'困而学之'的方法。久而久之不难掌握学习艺术，达到'不亦说乎'的境地。旁人只看见我学习得多，学习得快，他们不知道我是用眼泪换来的！有些人认为记忆好坏是天生的，不错，人的记忆力确实有优劣之分，但是认为记忆力不能增加是错误的。人心愈用而愈灵！"

公元 1877 年 4 月，辜鸿铭从爱丁堡大学顺利毕业，获得文学硕士学位。在爱丁堡大学的几年，除了文学之外，他还同时兼修了拉丁文、希腊文、数学、形而上学、道德哲学、自然哲学、修辞学等众多科目，并以优秀的成绩通过了所有相关科目的考试。这一年辜鸿铭只有二十岁。

遍学欧洲

辜鸿铭从爱丁堡大学毕业后，布朗开始实施他的第二步教育计划——送辜鸿铭到德国学习科学知识。那时的德国，科学技术的发展非常迅速，是欧洲的科技中心。辜鸿铭到了莱比锡，攻读莱比锡大学的土木工程。因为有深厚的德语功底，良好的数理化基础，勤奋刻苦的辜鸿铭只用了一年的时间就获得了土木工程师的文凭。课余，辜鸿铭还潜心研究德国的文学和哲学典籍，获得了哲学方面的文凭。这段留学经历也使辜鸿铭和德国结下了不解之缘。他在第一次世界大战后，因为几部代表作在德国人中获得了极高的评价。三十年后，著名教育家蔡元培来到莱比锡求学的时候，辜鸿铭的声名在德国已经是如日中天。再过十年，林语堂到达莱比锡大学时，辜鸿铭的著作已经成为哥廷根等德国著名大学哲学系学生的必读书籍了。

从莱比锡大学毕业后，辜鸿铭又赴巴黎短期进修法文。布朗为辜鸿铭联系了巴黎大学，意在让他学一些法学和政治学。布朗给辜鸿铭租了三间很好的房子，令人吃惊的是，这三间房子是巴黎的一位名妓从她的公寓中让出来的。布朗有意让辜鸿铭和这位名妓做邻居。因为这位名妓府上有各种各样的上层人物出入，布朗觉得可以借此之便让辜鸿铭了解更多的人情世故。当时辜鸿铭在了解社会和人生方面却实在没有什么经验。在巴黎期间，辜鸿铭以极快的速度读完了巴黎大学整学期的讲义和参考书。另外他还认识了一位自称是卡莱尔好朋友的老教授。这位老教授非常推崇中国古代的《易经》，他对辜鸿铭说："你们中国的《易经》是最有价值的经典。可惜我所读到的，都是一些法文和拉丁文的翻译片断，未能将《易经》的真价值全盘托出。不通中文，这是我终生的遗憾。"他问辜鸿铭："你老师卡莱尔先生当年对我常常说的一句话：'最大的罪恶是自欺'，对你也说过了吧？"辜鸿铭点点头："不知说多少次了！"老教授长叹一声说："黑格尔就是一个自欺的学者。他的伦理学就是根据《易经》写出的。他竟据为己有，说是自己的发明创造，掉过头来又批评《易经》理论一文钱不值。希望你归国后，能深入地研究《易经》。"辜鸿铭从此对《易经》产生了研究的兴趣，后来他曾自称"汉滨读易者"和"读易老人"。

除了去学校上课之外，辜鸿铭每天都抽一点时间教他的名妓邻居学希腊文。从教希腊文字母那天起，辜鸿铭就教她背诵几句《伊利亚特》。辜鸿铭的教法果然有效，他的女房东在希腊文方面进展神速。许多客人见辜鸿铭的教法与众不同，都大为惊讶。学习学得疲倦了，两人就海阔天空地神聊。辜鸿铭惊奇地发现，这位名妓不但有语言的天赋，而且思想深邃、学识渊博，甚至能背诵中国的唐诗，这让辜鸿铭不禁为她深感惋惜。在这期间，辜鸿铭本人也领略了出入这位名妓府上的各色人物的千姿百态，有夸夸其谈的演说家，有观点偏激的政客，有思想颓废的诗人。他们也常常拜访辜鸿铭，因为他们觉得这位年轻的中国学者身上有一种魅力，无论是谈歌德的作品，还是莎士比亚的戏剧，都有独到的见解。辜鸿铭则从他们身上，看到了隐藏于人心里的各种欲望。在巴黎这个纸醉金迷的城市，世界上最有名的染坊，辜鸿铭了解了各式各样的西方人。

后来的辜鸿铭，据说还到意大利和奥地利短期游历和学习过。这样，在欧洲游学的十余年的时间里，辜鸿铭凭着自己的天才和勤奋，掌握了七八门外语，并获得了包括文、理、工、哲等学科的十几种文凭、学位，成为一位精通西方文化、满腹才学的青年学者。

第 2 章

仕在北洋之幕府二十年

一、决意回国的假洋鬼子

"他让我变成一个真正的中国人"

大约在 1880 年前后，辜鸿铭结束了他在欧洲十几年的留学生涯，踌躇满志地回到了自己的家乡——槟榔屿。

那时，辜鸿铭的父亲辜紫云已经去世好几年了。在辜鸿铭还在爱丁堡大学求学的时候，辜紫云就患上了重病。临终前，辜紫云写信给他的英国老友布朗，请求他不要把自己的死讯告诉辜鸿铭，以免他回乡奔丧守孝，影响和耽误学业。布朗忠实地遵照辜紫云的意见，一直没把噩耗告诉辜鸿铭。

回到南洋的辜鸿铭，被英属马来亚总督府委派到新加坡海峡殖民政府担任公职。那时，新加坡岛已经获得了相当可观的建设成就。自该岛为英国殖民者占领以来，大规模的市政建设，繁忙的自由港贸易，均急需各种各样的技术人才，各色劳务工人也纷纷前来谋生。在政府办公的辜鸿铭，西装革履，短发分头油光可鉴，十足的洋博士做派。但是，几年之后，辜鸿铭遇到了一个人，从而使得自己的人生发生了重大的转折。这个人就是早期维新派的领袖人物——马建忠。

马建忠（1844～1900），字眉叔，江苏丹徒（今镇江）人。马氏少年时代就受西方思想影响，抛弃当时一般读书人走的科举考试的道路，进入外国人办的徐汇公学读书。后来受李鸿章推荐被派到法国留学，兼任驻法公使郭嵩焘的翻译。回国后入李鸿章幕下，助其办理洋务，是其亲信幕僚。马建忠是学贯中西的人物，曾著有《马氏文通》，是我国第一部比较全面系统的语言学专著。大约在 1881 年，马建忠因公干出国，途径新加坡，寄寓在海滨旅馆。辜鸿铭久闻马建忠的大名，前往拜访，结果两个人一见如故，畅谈了三日。一些传记材料提到，两人会面后，辜鸿铭首先对马建忠所穿着的那身大清官服，和他那一副肃穆的中国学者官员气派留下深刻印象。当年大清王朝那红缨系顶、圆锥大盖的独特顶戴，那黼黻（fǔfú，官服上所绣华美的花纹）当胸、朝珠四缀的满式官服，在一般人看来，确实有着某种特殊的威严和气势。

在接下来的晤谈中，马建忠的满腹经纶，对中国思想文化的深刻见解，则让辜鸿铭赞叹服膺不已。此时的辜鸿铭，虽然游历欧洲十几载，于西学可谓纯熟，但在中国传统文化方面却知之甚少，所以在中西贯通的马建忠面前，是十足的小学生模样。辜鸿铭后来回忆说，在这次会谈中，他从马建忠那里真正了解到中国思想和文化，获益匪浅。在此之前，他所知道和欣赏过的唯一的中国文学作品，只是翟里斯所译的《聊斋志异》；而马建忠告诉他《聊斋志异》不过是当朝一位落第秀才所写的笔记小说，甚至连纯文学的东西都算不上，劝辜鸿铭去读"唐宋八大家"的著作，特别是唐代大作家陆赞的文集，认为那才是中国文学的杰作。此外，马建忠大谈中国人的心灵、理想、德行、社会、政治、艺术等等。马氏的一通神侃，令辜鸿铭对博大精深的中国文化更加心驰神往；而马氏出于爱才心切劝辜鸿铭回国效力，深深拨动了辜鸿铭的心弦。这次会谈之后第三天，辜鸿铭作出决定，向殖民当局递交了辞呈，然后乘船返回了槟榔屿。

四十年后，辜鸿铭曾专门谈到这次会晤对他的一生的影响。他说："我在新加坡同马建忠的晤谈，是我一生中的一件大事。正是因为他——这个马建忠，使我再一次变成一个中国人。尽管我从欧洲回来已经一二年多，我还不曾进入和不知道中国的思想和观念世界……喜欢使自己保留一个假洋鬼子样……我同马建忠晤谈三天后，即向殖民当局提出了辞呈，没有等到答复，就乘坐第一班汽船回到我的槟榔屿老家。"其实，满腹西学、心高气傲的辜鸿铭，早就不愿屈居于新加坡殖民政府当中，做一个英国人的小小属吏。和马建忠的这次会晤，让他回国效力、施展理想和抱负之心急不可待。回到槟榔老家后，他又开始留发结辫，并脱掉了西装、皮鞋和洋帽，改穿中国的长袍马褂，此外还捧起了线装书，一点点地自学中国的典籍……总之，人生观和生活方式都实现了一百八十度的转变，要从一个"假洋鬼子"，变成一个"真正的中国人"了！

逗留香港：初通中国典籍

没多久，一支英国探险队来到了槟榔屿。这支探险队要经中国到缅甸去，想在这里找一名中文翻译，辜鸿铭便报名做了译员。辜鸿铭当时是想趁便回国看看，兼以游历华南山川，了解风土民情，为他日后的正式返国作些实际准备。这支探险队来到广州，经过桂林，穿越云南腹地，进入滇缅边境地区。由于山峻林深，困难重重，辜鸿铭便放弃了原定计划，向探险队辞行，折向了香港，并在这里逗留了大概三年的时间。

　　辜鸿铭之所以没有返回槟榔屿，而是选择香港作为居留地，有他自己的用意。在辜鸿铭的幼年时期，他的父亲辜紫云和橡胶园老板布朗先生，由于经商或公差需要，经常往返于南洋和中国之间，辜鸿铭曾经跟着到过香港，此次算是故地重游了。另外，香港在1842年就被英国人割占。虽然它的居民大多数还是中国人，仍然保持着纯正的中国生活方式，但是这座城市已经属于大不列颠的版图，在英国治下已有四十多年，成为英国人经营东方的根据地。经过英国殖民者四十多年来的不断开发，这时的香港，已经由原来的小渔村变成了初具近代气象的城市，中西混杂，贸易发达，信息灵通。辜鸿铭选择在这里停留，可以随时了解祖国和西方各方面的情况。

　　在香港期间，辜鸿铭的主要任务是"补中国传统文化之课"。初到时，辜鸿铭虽能讲闽南话，但因汉字认得极少，大部分的中国典籍看起来都极为困难。于是他不得不绕了个弯，借助他那纯熟的外文，找到当时在华传教士和汉学家们的关于中国情况和中国思想典籍的著作或译著，曲线学习中国典籍。这些书中，既有关于中国历史、地理、政治、哲学等方面的著述，也有中国古典及近代文学作品的译本。据有的资料介绍，当时辜鸿铭研习过的这类汉学著作，数量相当的多。在了解和认识中国、熟悉和把握中国文化典籍等方面，这些传教士和汉学家们的译著无疑都曾给过辜鸿铭以极大的帮助。

　　但是，聪明而敏锐的辜鸿铭并没有仅仅停留于此。随着自己汉语水平的逐步提高，随着对中国传统文化愈来愈深刻的认识，以及由此带来的强烈心理皈依和种族认同，辜鸿铭渐渐感到了不满和愤怒。因为他发现西方很多的汉学著作甚至是名著，对于中国和中国传统文化的理解和介绍，都存在片面曲解甚至完全错误的地方。更让他愤怒的是，某些所谓的西方汉学家们，在他们的著作里充斥着对中国人、中国文化、中国文明的轻视和诬蔑。1883 年 10 月底，他向《字林西报》投去了用英文撰写的论文《中国学》。辜鸿铭的这篇文章，概述了西方 19 世纪以来的汉学发展情况，严厉批评了西方汉学家们的治学态度和学术不足。辜鸿铭指出："许多身居中国的欧洲人，他们出版了几本关于中国某几省的方言汇编，或者收集一百来条中国谚语之后，便立刻权自称为一个中国学家。"接着他讽刺地说道："当然，只取一个名目倒也无关紧要，按条约中治外法权一款，一个英国人，在中国，甚至可以泰然自若地自称为孔子的，只要他乐意！"

辜鸿铭抨击西方汉学家的一个重要论点，是指责他们没把中国文明、文学当作一个"有机的整体"来看待：威妥玛仅仅根据中国幼儿读物一般水平的著作，便一味地指责"中国人智力贫乏"；理雅各只是死抠字眼，并不从总体上去把握儒经大义；翟理斯专寻一些鸡毛蒜皮的小问题，积字成句，堆句成书，以显其"博洽"。总之，他们都没有从哲理的深层和总体的高度去把握中国文学和文明。

与此同时，辜鸿铭还批评西方汉学家们对中国历史一无所知，对中国人的价值观念缺乏了解，在著述中肆意诋毁中国人的社会习俗和文化礼仪的傲慢与偏见。他把中国文学称为"一笔文明的宝藏"，并且表示自己坚信："中国文学中的高级古典汉语，终有一天能够改变那些作为爱国者正带着一种野蛮动物的相争本能鏖战于欧洲的、尚处在自然毛坯状态的人们，使他们变成和平的、文雅的和礼让的人。"

总体来看，辜鸿铭对西方汉学家们的批评不免偏颇。以今天的眼光来看，如此简单片面地对待那些把一生精力献之于中国研究的西方汉学家，多少有失公正。不过尽管如此，他对西方汉学界自以为是，研究中充满着"傲慢与偏见"倾向的指斥，却基本是有的放矢，因而对促进西方汉学健康地发展，仍不失为金玉良言。

《字林西报》是近代英国人在上海创办的一份影响很大的英文报纸，以向西方介绍和评论中国的情况为主旨。编辑们觉得这是一篇敢怒敢骂、观点鲜明而又重论据的好文章，便连续刊载。这是辜鸿铭平生正式发表的第一篇文章。

对西方汉学及汉学家们的抗辩和谴责，正式揭开辜鸿铭漫长学术生涯的序幕。此后的他，一直到死，对西方社会的几乎一切都采取了义无反顾的攻击策略，并决心要把真正的中国传统文化向西方传播，"教化"这些洋人。当然，这是后话了。

在居留香港近三年的时间里，除了借助外文阅读西方汉学著作或译著外，辜鸿铭也在尽可能地攻读中国书，特别是那些重要的经书典籍，来弥补自己可怜的国学。对《论语》《孟子》《大学》《中庸》等儒学经典，辜鸿铭一经接触，便醋游其中。在他看来，中国古代的文化，几乎囊括了人类社会和个人生活的全部至理，犹如一座巨大的宝库，博大精深，光辉灿烂。愈是深入其间，愈能感到它的深不可测的魅力。而他高深精湛的西学造诣与文化素养，恰好为他了解和认识中国传统文化，提供了一个极好的参照系。这使他一开始接触和把握中国传统文化，便首先获得了一种能够互相参照、互为解析的比较研究基点。在一定意义上说，在学习汉语和攻读中国文化典籍方面，较之纯粹的中国人或纯粹的西方人，辜鸿铭都多了一种先天的优势。这一点，则恰恰是和他同时代的一般学者所不能企及的。这也是我们常常能够在他的某些立论和论证里，感到有一种别致甚至堪称独到之处的重要原因吧。

那时的辜鸿铭，只是在等待一个回国的机会。这个机会终于来了！

二、张总督府的洋文案

机缘巧合入张府

1885 年，在一艘厦门开往香港的船上，一位身材略显高瘦的青年男子，正对着几个德国人热烈地谈论着什么。这青年口才极佳，一会儿苏格拉底、柏拉图，一会儿歌德、康德、黑格尔，旁征博引，滔滔不绝；而且他操的是一口纯正的德语，一些英语、拉丁语、希腊语词汇也会时不时冒出来……开始的时候，他们之间的谈话并没有引起人们的注意，但不大一会儿，舱中的那些"外国佬"便纷纷被吸引了过去。尤其当那位青年男子大发议论的时候，周围的洋人听得都很认真。原来这位年轻人不但立论大胆、新奇，论证方法别致、新颖，而且谈吐尤其诙谐、幽默。特别让那些洋人感到惊讶的是，他谈起西方社会的种种人伦风俗来，简直如数家珍，对欧洲社会现存问题和弊端的分析，更是一针见血，入木三分，使他们不得不点头称是。再看这位青年，长得像个混血儿，但他的基本特征和发式却明白地告诉人们，他是一个中国人。不过，让人颇觉奇怪的是，他脑后那根辫子却很短，梳得也不太像样。这个人，就是辜鸿铭。当时他从福建老家探亲访友之后，搭上了这艘从厦门到香港的船。船上有几个德国人在谈有关伦理学的一些问题，辜鸿铭听了之后觉得这几个人对本国的文化并不懂，所论的都是些皮毛，不禁嘴皮发痒，对着几个德国人高谈阔论起来，引得满船人来听。

船中有一个官员打扮的中国人，似为辜鸿铭的辩才所吸引，对他很感兴趣。辜鸿铭发完议论之后，此人主动前来找他攀谈，并先作了一番自我介绍。原来此人叫杨玉书（汝澍），广州候补知府。这一年，因为法国对越南的步步侵逼，作为宗主国的清王朝出兵援越，中法战争爆发。援越的清军在越南和法军的作战中接连失利，法军步步进逼，中越边境告急。危急时刻，时任山西巡抚的张之洞上书朝廷，坚决主战，于是朝廷破格提升其为两广总督，负责前线战事。张之洞上任后，积极备战，同时起用老将冯子材，在前线遏制法国人的进攻。此时战事扩展至沿海地区，法国舰队进犯台湾等地，同时向福建马尾的中国兵舰发动突然袭击。在这种情况下，张之洞派遣广州候补知府杨玉书前往福建探测战况。杨玉书完成任务后，乘船准备绕道香港返回广州，不想遇到辜鸿铭。杨玉书对辜鸿铭的外语水平和才识极为欣赏，认为这位青年是深谙西学、博通西事的人才，倘能为国效力，将对目下两广时局及今后洋务诸政大有用处，于是前来攀谈。辜鸿铭向杨玉书介绍了自己的家世、留学欧洲及现居香港的大致情况，并留下了在香港的详细居住地址。

杨玉书回到广州后，找到张之洞的首席幕僚赵凤昌，向他推荐了辜鸿铭。赵凤昌又将杨玉书所荐辜鸿铭的情况告知张之洞。当时张之洞任两广总督不久，加之东南战事吃紧，正是大力延揽人才之际，所以立即决定邀辜鸿铭入幕，并派赵凤昌亲自到香港迎辜鸿铭来粤任事。至此，自从当年在新加坡受马建忠的影响，一直渴望回国效力的辜鸿铭，终于实现了自己的愿望。这一年，辜鸿铭二十八岁。

不同凡响的洋文案

张之洞（1836~1909），字孝达，号香涛，直隶南皮人。人称张南皮、张香帅。因死后朝廷赐谥号"文襄",故世称张文襄公。张之洞小时候是在贵州兴义府(今安龙县)长大的。他的父亲张瑛是当地的知府。张瑛教子极严,不但聘请了远近闻名的先生来教导诸子,并且购买了几十橱的书供子弟阅览。张之洞幼时博闻强识,聪颖异常,而且读书异常刻苦,常常昼读夜思,有时几天几夜都不睡觉,却毫无困倦之意。他文才出众,十二岁时就出版了自己的第一部诗集,以少年英才闻名于朝野上下。张之洞十三岁为秀才,十六岁考中头名举人。后来因为家事,科考之途受到影响。二十七岁通过会试,被慈禧太后亲点为"探花",授以翰林院编修的职务。

张之洞在翰林院做了十年的学官,后来又做了四年的京官。在这期间,他以著名的清流党人名世。清流党是当时京师官场的一个松散团体,其成员绝大多数出身翰林,主要人物有当时的总理衙门大臣李鸿藻、刑部尚书潘祖荫,以及张佩纶、陈宝琛、张之洞等人。他们关心国是,崇尚气节道义,经常激浊扬清,讥讽时政,抨击权要,尤其好跟那些办洋务的地方督抚为难,对外交涉主张强硬态度。清流党常常聚会,议论时政,并常采取联合上折的手段来表达自己的观点,在官场是一种不可忽视的力量。曾有蔑视清流党者,公开嘲笑说:"清流党者,实青牛党也。"所谓"青牛"者,盖谓这些人多是鲁莽的少壮派,少不更事,只知四处乱撞,此其一;其二,是说他们这帮翰林御史们,只会空言,说说大话而已。张之洞在京城做清流的时候,一向以敢谏闻名,时人谓之"青牛角",其战斗力可见一斑。有意思的是,清流党的著名人物张之洞,在出任了封疆大吏,特别是经历了中法战争的失败之后,政治态度发生了重大转变,转趋经世而务实,逐渐脱离出清流党,转变成洋务派的一员。他担任两广总督特别是湖广总督的十几年中，举办了大量的洋务事业，成为洋务派后期的著名领袖。到了晚年，政声卓著的张之洞更是入阁拜相，任军机大臣，充体仁阁大学士，且兼管学部。

辜鸿铭之所以欣然投在张之洞幕下，一方面是基于他长期以来欲以积年所学为国效力的一腔热望，另一方面也有张氏此间主持抗法战争的时候表现出的民族正气的感召。此外，张之洞的德望才名，尤其是他深厚的儒学旨趣与传统文化修养，也对辜鸿铭产生了很大吸引力。然而，说来不免有点南辕北辙的是，张之洞邀延辜鸿铭入幕，则主要是看中了辜氏的西学之才，即他对西方多国语言的精通，对西学西政以至整个西方社会的谙熟与稔知。因此，辜鸿铭进入张之洞幕府后，被委以洋文案及礼宾等事务，即外文和外事秘书之类的角色。

刚上任不久，这位辜师爷的胆子之大和脾气之暴就表现出来了。一天，差人送来一份公文，辜鸿铭接过来一看，原来是一份中国货物的英文订单。阅不数行，辜鸿铭忽然一把将其猛掷于几案之上，大骂道："王八蛋，这些洋人用这么便宜的价钱订中国货，不卖个乖，竟敢说中国货是土货，太欺负人了。"原来，这份订单里，在"货物来源"一项上，填的是"Native goods"字样。"native"一词，在英语的语义上含有"生番、野蛮未开化"的意思，带有点种族上和文化上的轻视。英语娴熟的辜鸿铭，对此是再清楚不过的了，所以大为愤慨。于是当下他提起毛笔，照准"Native goods"便划了下去。旁边差人见状，赶紧劝阻。因为这订单总督大人已经签字，作为下边的一个文案，没有请示就擅加修改，弄不好是要惹出事端来的。辜鸿铭哪管这些，大笔一挥，便将Native goods（土货）改为Chinese goods（中国货）字样。此事传出后，有人对此举大为激赏，也有人不以为然，认为native一词习用既久，西洋客户恐怕难以接受 Chinese goods 这一新名词。不甘为"土"的辜鸿铭毫不客气地骂道："积非成是！奴隶思想！就算抚台把它改成 native，我照样把它翻成 Chinese。"

几天后，张之洞为了解西洋政俗，让辜鸿铭拟定一份西洋报章杂志的清单，以便订阅。没过几天，辜从各国报刊中遴选出三十多种报纸，五百多种刊物，派人把清单送了过来。张之洞看了个大概，毕竟不得要领，于是找来谙熟英文的幕僚蔡锡勇一同商量。蔡氏看过之后大为惊服，认为此份清单极为精当和审慎，提供者必然对西方有相当的了解，便问张之洞清单为何人所列。张之洞笑着说："这个人，就是新来的辜汤生啊！"

有一天，张之洞的另外一个重要幕僚梁鼎芬求见张之洞，等了许久不见张之洞出来接见。梁鼎芬按捺不住，索性向张之洞书房走去，看见窗户敞开着，听见房里有人在高声说话。梁鼎芬向窗内望去，但见总督大人一副正襟危坐、凝神谛听的样子，而辜鸿铭则一面不断地翻检着桌上的各种报纸或杂志，一面条分缕析地为张之洞剖析世局，纵谈天下之事。张总督坐在那里听得津津有味，居然一动不动地听辜鸿铭滔滔不绝地谈了三个小时之久。连站在窗外的梁鼎芬，也不觉忘其所来，竟驻足听到了最后。经此一事，新来的辜师爷在张之洞幕府中的地位开始确立了。

辜鸿铭在张之洞幕府充任洋文案的时间长达二十多年。在这二十多年中，辜鸿铭凭借他对西方语言的精通和欧洲社会的了解，帮助张之洞做了不少事情，成为张之洞得力的外事翻译和顾问，也演绎出了很多有趣的故事。

张之洞早在两广总督任上时，鉴于当时旧式八旗和绿营兵装备落后，腐败不堪，遇有战事很难倚恃，故而组建了一支 2500 人的新式军队，摒弃旧式冷兵器，采用新式训练方法，名为广胜军。这也是他以后建自强军和湖北新军的萌芽。当时的疆吏编练新军一般都效仿德国。因为德国的武器及军制战术，在欧洲大陆首屈一指。为此，张之洞先后致电清政府的驻德公使李凤苞、许景澄等人，请其帮忙在德国聘请几个教练官。李、许两人与德国海军部密商后，经由德国皇帝威廉决定，最后在德国军队中选了几位优秀的教练官。

德国教练官到广州后，张之洞考虑到他们是德国皇帝遴选的优秀人才，于是特别上奏朝廷，按照两国对等的官阶，赐予四、五、六品的职衔，并赏赐顶戴等物。同时，张之洞也明令这几个德国教练官，平时必须和大清军官一样，穿中国大清军服，出入督府衙门须全副顶戴，并例行拜跪或半跪之礼。几位德国教练官对改穿大清军服没有什么异议，但是在行中国式的拜跪礼一事上，却表示绝对不能接受。他们认为，西方各国没有这种"跌倾失仪"的礼仪。这样做不仅让他们感觉很不习惯，而且会损害德皇陛下帝国军人的人格与尊严。双方各不相让，张之洞一时之间也有些犯难。见此，刚刚入幕的辜鸿铭对总督大人表示，他愿出面说项，处理这件事情。

次日，辜鸿铭身着大清官服，上门来见这几位德国教练官。开始，辜鸿铭似不经意的样子，操一口极纯正流利的德语与之聊天。德国人不禁惊异于辜氏德语水平之高和知识之渊广，不免在心里降下了几分趾高气扬的声气。辜鸿铭见状，趁机开始发挥他的嘴上功夫，引经据典侃侃而谈，劝几个德国人接受跪拜礼仪："先生们，据我所知，在你们德国，人们其实也是时常下跪的。每个礼拜日，你们都集中在教堂，跪在耶稣面前，虔诚忏悔。在尊敬的德皇面前，你们不是也要跪吗？不仅如此，据我所知，欧洲男子在向心爱的女人求婚时，也是经常下跪的呢。所以实事求是地讲，这拜跪或半跪之礼，绝不是我们东方所独有的。在你们欧洲，这'跪'的历史嘛，怕是不比我们中国短呢！两位刚才所言，岂非无稽之谈？"德国教练官们怎肯就此服输，辩解道："辜先生，也许你说的不无道理。但要知道，我们拜跪的上帝耶稣，可是世界上至高无上、唯一的真神；日耳曼大帝是我们伟大的国君。你们的张总督大人，当然也值得尊重，但又怎好与他们相比呢？"辜鸿铭立即反驳："教官先生，此言差矣！在我们中国，跪和半跪，都只是一种礼节而已，不是为了强调尊卑贵贱，而更多的是表示一种尊重和敬意。对我们中国人来说，对自己所尊重的人行拜跪或半跪之礼，还格外有一种君子的谦恭和客气。这也是做人的一种美德。"说完，他又加了一句："请问两位教官先生，这又有什么不好的呢？"在辜鸿铭巧舌如簧的雄辩下，德国人最后只好表示罢手："好了，好了。辜先生，我们一切依你，就当是入乡随俗好了。"到了正式就职的那一天，这几位德国教练官如同张之洞麾下其他大清提督一样，穿起长袍马褂，戴上顶戴花翎，对着一脸肃穆的张总督，像模像样，拜跪如仪。这件事在当时引起了不小的轰动。就此，赵凤昌在《国学辜汤生传》中专门就此事评论说："客卿改章服礼节，此为创见。"

1889 年，张之洞卸去两广总督职务，移督湖广，辖湖北湖南两省，总督府在武汉。临行时，张之洞从广东带走了一批幕僚，辜鸿铭是其中之一。一行人坐船北上，抵达汉口的前夕，张之洞慨然叹道："吾辈鞍掌为常，转籍道路为休假，明日又将治官事，愿无忝六君子之称。"张之洞所说的六君子，是指蔡锡勇、凌福彭、梁敦彦、赵凤昌、辜鸿铭五人，另外一个就是张之洞自己了。从这一点上也可以看出张之洞对这班手下期望之高以及宾主之间关系的亲密。

在湖广总督任上，张之洞把在两广开始的洋务事业发扬光大，经过十多年的苦心经营，先后创办了汉阳铁厂、湖北枪炮厂、湖北纺织四局、芦汉铁路、电报局、电话局等洋务事业，涉及基础设施、军工、民用工业等各个方面，成效显著。武汉一跃成为世人瞩目的洋务重镇；而张之洞本人，也被视为洋务运动最后一个代表人物。

张之洞在湖北大办洋务，少不了一班幕僚的精心策划。蔡锡勇、辜鸿铭等人精深的西洋知识，都在其中发挥了不小的作用。特别是这一时期张之洞创办的许多洋务事业采用的都是德国技术，聘请的德国技工，因此主办德文议事的辜鸿铭在搜集资料、出谋划策和监督洋员等方面，出了不少力气。其中，辜鸿铭为湖北枪炮厂筹划揽员一事，颇能显示他的独到才干和怪诞风格。

湖北枪炮厂1894年建于汉阳，是张之洞在湖北兴办的一系列洋务企业中较为知名的一个。该厂规模宏大，设备齐全，出品精良，管理严密，是中国近代最先进的兵工厂。它的看家产品——"汉阳造"步枪名扬全国，从晚清到民国，乃至北伐战争时期，被中国的各色军人使用了数十年。

有的史料说这家兵工厂的"一切缜密布置，都是经辜汤生代为安排、操办的"。这种说法有夸大之嫌。不过，在筹划之初期，辜鸿铭的确在为张之洞延揽德国技术人员方面，做过一桩值得赞许的事情。高拜石（笔名芝翁）在《辜汤生文坛怪杰》一文中曾记叙了此事的详细经过：

筹办之初，盛宣怀（洋务派著名人物，官僚买办）介绍了一位名叫华德伍尔滋的外国人给张之洞，说这位是英国的兵工专家。华德伍尔滋到汉阳见了张之洞，夸夸其谈一番。张之洞大为高兴，安排在宾馆里住下，礼遇相当优厚。过两天，张之洞叫人传见华氏，戈什哈（清代高级官员的侍卫官）回来禀告："那西洋人，昨天被辜师爷打发回上海去了。"张之洞大为吃惊，急传辜鸿铭来问。辜鸿铭一到便说："盛宫保荐来办兵工厂的华德伍尔滋，和我叙起来算是我的同校后辈，比我低了五六年级。他是学商科的，现在上海开设洋行，是个地地道道的只知道渔利的商人，根本不懂兵工，因此，我就打发他回去了。"还未容张之洞说话，他不慌不忙从袖子里摸出一个洋信封，取出一封信说："我这里有个威廉福克斯，是我的同学，这才是真正研究兵工学的，现任德国克虏伯兵工厂的监督。我国不办兵工厂则已，要办的话，就要找这样的专家，绝不能含糊，一见碧眼黄发的外国人就认为专家。盛宫保办洋务，只是利用洋人作招牌，不管阿猫阿狗，拿来充幌子作招牌，吓唬朝廷夸示新政的。"能够找到世界第一流的兵工厂的专家这真是大喜过望，张之洞听了他的话，但请他函邀来华协助建兵工厂。

威廉福克斯是德皇威廉二世的亲戚，学生时代便与辜鸿铭交往颇深，得函后便前来中国，规划筹办兵工厂，但约定以半年为限。张之洞尊重他的意见一切照允。福克斯到武昌后，张之洞盛宴洗尘。洋人素尚豪饮，张之洞酒量也大，辜鸿铭恭陪末座，尽情酬醉，旧遇新知，相见恨晚，不消一会，威廉福克斯便醉态可掬，信口纵谈，把克虏伯厂的机密，通盘泄露。言者无心，听者有意，一一记录下来。不久，英国泰晤士报忽然登了出来，福克斯大为惊恐，手足无措，找到辜鸿铭，自悔酒后失言，给记者听去捅了出来。辜鸿铭含笑安慰他，拿出柏林的电报给他看，原来辜鸿铭早已以中国政府的名义邀请了他夫人子女，即日便首途东来，并告诉他，督署早已在黄土浦为他建造了豪华巨宅。威廉福克斯感激不尽，遂接受了总办之任，悉心为汉阳兵工厂筹划了。

正当张之洞和一班幕僚忙于创办各类近代军事民用企业之时，1891年，俄国皇储游历东方，来到湖北。其随员都是贵族勋臣，其中还有一位是皇储的内戚——希腊皇世子。一行十人，威仪显赫。当这一行人乘俄国兵舰停泊在武汉时，作为两湖总督的张之洞，自当尽地主之谊，于是带了两名从员专程到舰上拜访，辜鸿铭也以翻译的身份，随同总督大人登舰。

宾主一番客气之后，或许是关心接待规格的缘故，俄皇储用法语问起两个从官的官职名。这职官历来是最难翻译的东西，除非对两国语言有透彻的了解，否则难以确对。然辜鸿铭几乎是毫不费神地给予了准确的回答。等到张之洞告辞的时候，俄皇储命令他的随员分立舷旁相送。辜鸿铭以流利的俄语对俄皇储说："在中国总督通过的时候，您的随员应该大声地自报姓名，这样才能表示对总督大人的尊敬。"年轻的皇储对辜鸿铭的善意提醒非常地感激。

后来，张之洞邀请俄皇储到晴川阁为之接风洗尘，俄皇储一行应邀而来。晴川阁是汉口最著名的景致之一，与黄鹤楼夹江相望，是武汉地区唯一临江而立的名胜古迹，风景绝佳。一番寒暄之后，盛宴排开，席间觥筹交错，主宾双方都十分尽兴。作为高级译员，辜鸿铭自始至终参加了这次接待活动，并以法语作为通译。酒过三巡，俄皇储忽然用俄语对希腊皇世子悄声地说："我们今晚还有别的约会，可不要喝多了。"辜鸿铭闻听此言，随即用俄语劝道："两位皇胄放心，这次的宴席是按总督大人的吩咐精心准备的。它们既讲究，又卫生。请不必多虑，务得尽兴方好。"俄皇储一行大为惊讶。

等到宴会结束，张之洞陪客人们吃茶叙闲的时候，不时拿出鼻烟壶，凑到鼻子上吸一吸，神情颇为悠闲愉快。希腊皇世子很是好奇，用希腊语问俄皇储："你看，张总督吸的是什么东西啊，如此津津有味?"俄皇储耸耸肩膀，表示自己也不知道。辜鸿铭见此，马上将两位客人的好奇告诉张之洞。张之洞便将手中的鼻烟壶递与希腊皇世子观赏。客人一边接过这个小巧的物件把玩观看，一边更加惊奇地看着对面的辜鸿铭。

临行前，俄国皇储特意来到辜鸿铭面前，将手上的那块镂有皇冠的金表，赠给辜鸿铭作为纪念物，并长时间地握着他的双手，郑重地说道："辜先生，我非常欣赏您的语言才能，更佩服您的思维敏捷。欢迎您日后有机会的时候，到敝国去做客。请相信我，届时一定会以最尊贵的礼节来欢迎您。"

后来，当俄国皇储到达上海，与各国使领官员谈起一路上的见闻，谈到在汉口拜会张总督时，遇到一位叫辜鸿铭的翻译，通晓欧洲各国语言，言辞敏捷，思虑周至，"各国无此异才"。这位俄国皇储，就是后来的俄国沙皇尼古拉二世。

从此以后，辜鸿铭的名声便在上海的欧美人士中间传播开来。

三、传统文化的补习生

张之洞助补国学

辜鸿铭进入张之洞幕府之初，国学水平还很低。辜鸿铭自己也深知这一点，一有机会就去找府上那些旧学功底深厚的人讨教，想以此提高自己的国学水平，不想却是四处碰壁。这些人的答复大同小异："你是读洋毛子书的，没有资格读我们中国的经传。"辜鸿铭无奈之下，只得买了部官话指南。这本书是日本人写的，书中搜集了中国官话，译成英文，辜鸿铭便把它作为汉文读本，继续摸索学习中国文化的门径。但是让他苦恼的是不会查中国字典，遇到生字，还是没有办法。

张之洞知道了这件事之后，命人把辜鸿铭召去，对他说："汤生啊，我可以告诉你，那些夫子的国学功夫，个个足堪做你的先生；他们不是不肯教你，是因为你缺乏拜师应有的礼貌。孔子说：'自行束脩以上，吾未尝无诲焉。'师道严肃，未可唐突。"

从第二天起，张之洞得暇之时，便亲自教辜鸿铭查中国字典。据知情者说，当时辜鸿铭不仅是查字典，而是用他超强的记忆力，从头到尾一字字地背；而且这字典并不是一般的汉语字典，而是号称汉字之冠、历代第一的《康熙字典》。此事真伪，于今已难考证，但是在后来的一本英文著作里，辜氏确实极为推崇康熙皇帝的伟大，并称这部字典为"宏伟的著作"。通过这种最笨的方式，辜鸿铭不仅终于攻克了汉字关，甚至最后认识的汉字比一般人还要多。另外，张之洞还教辜鸿铭读《论语》，同时还主动为他延揽名师。辜鸿铭也利用自己对语言文字的特殊禀赋，刻苦钻研中国传统文化典籍，"四书五经、骚赋、诗文，无所不揽"，进步神速。

进入张之洞幕府之后，辜鸿铭终于结束了自居留香港以来，靠自己颇不得法的自学国学的历史。有了张之洞这位名儒硕学的悉心点拨，又有幕内一班同僚的帮助，加之自己的聪明与勤奋，辜鸿铭终于在国学水平上有所突破，并渐渐达到了相当的造诣。随着对传统儒家文化了解的日益增多，辜鸿铭对祖国固有文化的热爱也逐渐增强。在中国文化广博深厚的内涵里，他看到了可以同他早年留学欧洲时所学的浪漫主义思想相合或相通的地方，看到了他认为对于人类是永恒真理的东西。于是终于有一天，他怀抱儒家经典，喟然叹道："道固在是，何待旁求！"

对传统文化产生了皈依之心的辜鸿铭，后来在一个人的刺激和影响下，又发愤研读了中国典籍二十年！这个人就是当时的著名大儒沈曾植。

沈曾植（1850~1922），浙江嘉兴人，字子培，号乙盦，晚号寐叟。他出自书香世家，家学渊源深厚，加之博闻强记，过目成诵，少年即有"江南神童"之名。沈曾植博古通今，学贯中西，尤其精于国学国粹，在史学、佛学、边疆地理之学和金石书画上都有极深的造诣，有"旧学第一、国中名士"之雅称，是当时公认的"硕学通儒"。张之洞任湖广总督期间，曾于1898年特聘其执掌两湖书院。

1885年，张之洞做五十大寿。总督府上一时高朋满座，嘉宾云集。作为京师名流的沈曾植，也前来为张之洞祝寿。张之洞非常高兴，特意为辜鸿铭引见沈曾植，并对辜鸿铭说："沈公一代名儒，堪称当今之泰山北斗，他的聪明与智慧无人能及。你要学习正宗的儒学和中国文化，以后当向沈公多多请益。"过一会儿，辜鸿铭与沈曾植攀谈起来。初时，辜鸿铭还是一副极谦恭的样子，但是谈着谈着，便向沈曾植大讲他所熟悉的西学西法，滔滔不绝。年长他七岁的沈曾植只是端坐着，默然无语。辜鸿铭一路侃侃而谈，忽觉沈曾植未置一辞，顿时意兴阑珊，问道："沈公，您为何一语不发呢？"沈曾植只是淡淡说了一句："你说的这些，我都懂。你要懂我的话，怕还要读上二十年的中国书！"辜鸿铭顿时觉得有如一瓢冷水浇头。

这句话对辜鸿铭的刺激很大。他立志要发奋读书，和沈曾植比一比。从此辜鸿铭"穷四书五经之奥，兼涉群籍"。经过二十年的努力，辜鸿铭对于中国传统文化，终于做到融会贯通了。

二十年后，在张之洞七十大寿的日子，沈曾植又前来为之祝寿。辜鸿铭早就候着沈曾植了，见到他便说："沈公，您老且候片刻。"言毕，马上命人到张之洞的书斋，将张的藏书大量搬出，全都放于前厅的几案之上。沈曾植颇感奇怪，问道："汤生，你这是做什么呀？"辜鸿铭回答说："沈公，您别介意。我今天只是想请教一下您。请问，这里哪一部书您能背，而我不能背；您能懂，而我不能懂？"沈曾植这才想起二十年前之事，不禁感到好笑，但脸上却是一副严肃的表情，正告辜鸿铭道："汤生，我早就知道你绝顶聪明，又好学不辍。我相信，这些书，你都已能背能懂了。我老了，快要离开这个舞台了，而你正在走上这个舞台。今后，我们中国文化这副重担子，怕就落在你的肩上了。我深知，他人通中学，不通西学；通西学，不通中学。皆非其选也。当今之世，像你这样既晓西学，又通国学的，着实并不多见啊。"

沈曾植说得相当恳切，言下极为赞许。到这时，本来一心想发难的辜鸿铭，反倒被沈氏的这一席话给感动了。后来，辜鸿铭曾经对人说："有人说我聪明，殊不知，我的聪明何能与沈公相比啊！在我观来，中国人中，只有三个聪明人——周公、纪晓岚、沈曾植。"

总督府里的陶冶

除沈曾植外，对辜鸿铭产生了很大影响的，还有辜鸿铭服务了二十余年的幕主张之洞，以及其他一些同事幕僚。

众所周知，张之洞不仅是名重一时的洋务领袖，同时也是一位深具旧学趣味，造诣很深的学者。张之洞对儒学纲常具有坚强的信念，在《劝学篇》一书中，他曾提出著名的"中学为体，西学为用"的主张。在张之洞看来，"致用"一定要以"通经"为前提，"西学"务必以"中学"为根底。"教忠""明纲""崇体""通经"始终是他为政、训士、化民的日常功夫。辜鸿铭追随张之洞二十多年，虽然在一些方面宾主二人的意见并不一致，甚至有严重分歧，但张之洞的思想言行对辜的影响还是显而易见的。

另外，张之洞的幕府中，各个时期都聚集着一大批以保守著称的学者文人，在政治倾向和文化理念上，这些人大多采取守旧的立场。这些人中，辜鸿铭最为仰慕钦服的，是后他入幕的沈曾植；而相交最久、最为莫逆的，是先他入幕的梁敦彦。此外，诸如梁鼎芬、赵凤昌等人，也和辜鸿铭声气相投，相交莫逆。不少学者认为，辜氏由饱读西书西学而最终折向中国传统，在深层底蕴和背后潜因诸方面，与张之洞及其幕内这班人的直接间接影响，都是有着较大或较深关联的。

这里特别值得一提的是梁敦彦。梁敦彦（1857～1924），字裕生，广东顺德人。早年曾就读于香港中央书院。1872年，作为清廷第一批派赴美国留学的幼童之一，在大洋彼岸接受了从小学、中学到大学的完整美式近代教育，最后肄业于耶鲁大学。1881年回国后分发至福州船政学堂，后奉派为天津北洋电报学堂英文教习。1884年初，被张之洞聘为两广总督的幕僚。

梁敦彦同辜鸿铭在人生经历、道途追求、文化旨趣及最终归宿等各个方面，有着许多巧合之处。两人同一年生，又于同一年入张之洞幕府，都受过比较完备的西方教育。在文化追求上，他们后来都成了文化保守主义者和政治上的顽固派，而且越到后来越加保守。正因如此，他们才能结为终生的朋友关系。

梁敦彦兼通中国的儒老之学。其深厚的国学造诣和文化修养是辜鸿铭深为钦佩的。平日两人闲聊，梁氏经常挂在嘴边的一句话便是："士不可以不弘毅，任重而道远。"而这句话，恰恰是辜鸿铭所心仪的。辜鸿铭与梁敦彦结交，始自他所亲历的一件小事情。而这件事，却令辜鸿铭生出了许多的感慨。

张之洞的总督府有个规矩，每月的初一、十五两日，全体幕僚及电报生等，都要列队行礼，并接受他这位总督大人的例常训话。梁敦彦入幕时，正值中法战争紧要之际。总督大人专门委派他主持收发和翻译战时电报之事。梁氏则诚惶诚恐，事必躬亲。而每次行礼之时，梁敦彦都自觉地站在电报生的行列。那些负责文案的幕僚，自视高人一等，谁也不肯理他。一日，又逢行礼之时。张之洞忽然发现梁敦彦还在电报生的行列之中，便走下来亲手将梁氏扶到文案诸公之列中，对他说："汝本当在此班内行礼，系我之疏也。"一时众人惊讶不已。事后，梁敦彦仍是不声不响，不张不扬，照常做他那份差事。自此之后，自视甚高的那群文案诸公，一改过去对梁氏的轻慢与不屑，变得格外殷勤起来。

辜鸿铭对此事感慨颇深，一方面钦佩于梁氏的人格与操守；另一方面也深刻感受到了官场的虚伪，领略了人情冷暖与世态炎凉。日后，在张之洞幕府中，辜鸿铭同梁敦彦最为莫逆。

晚年在日本讲学时，辜鸿铭对张之洞及其幕府人物给他的深刻影响，曾做过十分明确的说明。他说："由于我青年时代基本上在欧洲度过，所以刚回国时我对中国的了解反不如对欧洲的了解。但非常幸运的是，我回国不久，就进入了当时中国的伟人、湖广总督张之洞的幕府。我在那儿待了很多年。张之洞是一个很有名的学者，也是一个目光远大的政治家。由于这种契机，使得我能够与中国最有修养的人在一起朝夕相处，从他们那儿，我才对中国文明以及东方文明的本质稍有解悟，在此基础上，通过对东西方文明的比较研究，我很自然地得出了一个重大的结论，那就是，这养育滋润我们的东方文明，即便不比西方文明优越，至少也不比它们低劣。"

四、折向儒学的保守汉

激荡的时局

1894 年，发生了一件在中国近代史上影响深远的事件。这一年，以朝鲜问题为导火索，中日之间爆发了一场大战，史称"甲午战争"。甲午一役，中国在海陆两个战场都遭到惨败。海战方面，清军的主力北洋舰队全军覆没。这支李鸿章苦心经营了二十余年的海军，成军之时阵容雄壮，有亚洲仅有的两艘铁甲巨舰，大小兵舰二十余艘，实力号称亚洲第一。结果在黄海大战和威海卫之战中，这支舰队和同时创建的福建水师一样，全军覆没。清军的陆军，先是被日军从朝鲜一路赶回中国境内，后来在日军进攻辽东半岛和山东半岛的时候又纷纷败逃，溃不成军。随着战争的失利，京津受到威胁，清政府被迫同日本签订了割地赔款、丧权辱国的《马关条约》，割让辽东、台湾，赔款两亿两白银。

甲午战争的失败，对中国社会的震动之大前所未有。甲午战前，中国虽然早就遭到西方列强的侵略，向半殖民地半封建的深渊沉沦。但那时的清政府，仍然存有天朝上国的最后一丝幻想。毕竟甲午战前，真正和中国在战场上较量过的，只有英、法两个国家，而这两个国家都是公认的世界强国。经过三十余年的洋务运动，清王朝一度出现了"同光中兴"的局面，国家实力有所增强。但是甲午之战，一向被中国看不起的"倭寇"竟全歼北洋水师，索得巨款，割走国土，中国朝野上下，无不深感奇耻大辱，大清帝国终于受到最沉痛的一次教训。

于此之际，在京参加会试的广东举子康有为、梁启超发动全国各省一千三百多名举人联名上书清政府，反对《马关条约》，反对割台弃民，主张迁都、拒和、练兵。康有为等人痛陈国是，认为日本之胜是"全用西法"进行明治维新的结果。当前形势下，中国当奋发图强，维新变法，否则将有亡国的危险。这篇长达万余言的《公车上书》虽然未到达光绪帝手中，但是很快在官绅士子间广为流传，康有为、梁启超的名字也因此为人们所知。之后，康有为、梁启超、谭嗣同、严复等人又在全国各地设学会、创报刊，为维新变法制造舆论。

康有为等人的主张，得到了虽无实权但不甘心做亡国之君的光绪皇帝的支持。1898 年 6 月 11 日，光绪帝接受变法建议，发布《明定国是诏》，正式开始变法。此后一百多天时间里，光绪帝发布了一系列除旧布新的变法诏令，内容涉及政治、经济、军事、教育等各个方面，同时罢黜一批顽固守旧大臣，擢拔了一批维新分子，一时"欢声雷动"，维新运动达到高潮，史称"百日维新"。

然而，这场以救亡图存为要旨、以西方君主立宪制度改造中国为手段、喧嚣一时的维新运动，一开始就遭到顽固守旧大臣的抵制和反对。随着运动的开展，维新派与顽固派的矛盾和斗争迅速加剧。三个月之后，慈禧太后发动了政变，光绪帝被幽禁，谭嗣同等六位维新志士惨遭杀害，康有为、梁启超逃亡日本，新政全部被推翻。此后，大清朝的政治权力再次落入慈禧太后及后党的手中。

思想的转变

时局如此激荡，辜鸿铭和他的幕主张之洞都不可避免地卷了进去。

甲午战争期间，由于清军在海、陆两路大败，清政府不得不临阵换帅，任命两江总督兼南洋大臣刘坤一为钦差，北上驻守山海关，指挥对日战争。湖广总督张之洞被调接替刘坤一，暂署两江总督之职（1896 年回任湖广总督），辖苏浙沪等地，驻守南京。对于中日争端，张之洞持坚定的主战立场。署理两江总督后，辖区虽在大清腹地，但也积极布置长江一线的防务，严阵以待，准备迎击溯江而上的日军。当时因为购买外国军火缺少款项，张之洞便派辜鸿铭前往上海去商借外债。辜鸿铭到了上海，找到德国在中国开办的大银行——德华银行的经理，说明借款的来意，声明决不收回扣，并留下名刺为证："我来议借款，成不索回扣，以此刺为证，后有不信，持此控我。"其耿直若此。事后，张之洞又派在上海的一位旧日幕客前去催款。这位旧日幕客不是别人，正是辜鸿铭的引荐人，后来成为莫逆之交的赵凤昌。

赵凤昌（1856～1938），字竹君，号惜阴，又称惜阴堂主人，出身于江苏武进一个没落的望族家庭。他早年在常州一家钱庄当学徒，因聪明伶俐，钱庄经理觉得他是个人才，将来必成大器，就为他捐了一个小官，从此步入仕途。后被两广总督张之洞赏识，延为侍从。此后赵凤昌长期跟随张之洞。其人精明机敏，办事干练，精于幕道。张之洞对其甚为器重和信任。遇有重要事情，必与他商量，征询意见，甚至连一些重要的家政都交给他去处理。故有人戏称赵凤昌为张之洞的"一品夫人"，可见其与张之洞关系之密切。张之洞其人生活上有些怪癖，起居无节，从小就养成"篝灯夜读"的习惯；从政后也习惯于夜间处理公务或找人谈话，"往往达旦而犹未已，僚属体弱者视为苦事"。第二天白天照常上班，正在办公事文书之时不免又忽然进入梦乡。而且对于公事之来往文件卷宗，往往随手抛弃，事过辄忘，不易搜寻。幸亏赵凤昌敏达强记，能替他安排整理，井井有条，故张之洞倚之如左右手。1889年张之洞移督湖广后，赵凤昌升任总文案，近似于现今之秘书长，地位相当重要。但时间一长，遭同仁忌妒，后来有人弹劾他"揽权"，被朝廷勒令革职回籍，永不叙用。但他并没有真的回武进原籍，而是在上海做起了寓公，并决心不再入仕。张之洞爱惜其才，倚重如旧，为他在武昌电报局谋得一个挂名领薪闲职，并派他常驻上海与各方联络，搜集中外的各种情报。从此，擅长社会活动的赵凤昌更是如鱼得水，遍交江浙沪等地社会名流。

这次赵凤昌奉张之洞之命到德华银行催款，经理特意拿出了辜鸿铭留下的纸条给他看。赵凤昌不禁为辜鸿铭的廉洁正直大感佩服。后来，赵凤昌因事到武昌拜会张之洞时，专门提起了这件事情，并且向张之洞提议道："香帅，当今时事纷扰，国势难宁，应命汤生多译西方报纸，知己知彼，以广眼界。"

张之洞深以为然，即让辜鸿铭着手准备。谁知辜鸿铭马上拒绝道："香帅，您有所不知，那洋人报纸上的东西，尽是没有根据的造谣生事之言，怎信得呢？恕我直言，汤生不愿译，也不会译。就是皇上亲下谕旨来，我也不会译的！"

为什么当年一到张之洞幕府就力主订洋文报刊以拓宽眼界的辜鸿铭，此时的态度竟来了个一百八十度的大转弯呢？原来辜鸿铭自从受沈曾植的刺激，发愤研读中国典籍、学习中国文化后，思想已经开始发生根本的转变。服膺中国传统文化，对西方文化不以为然。这一点从1896年他所作的《上湖广总督张书》中，可以非常明显地看出来。

辜鸿铭在追随张之洞的二十多年中，大概只有过一次正式给张之洞上书，这就是1896年的《上湖广总督张书》。辜鸿铭很重视自己的这份上书，将其收入自编的《读易草堂文集》，并置于仅次于 1898 年给光绪皇帝上书的位置。

在《上湖广总督张书》里，辜鸿铭解释了自己极力反对译介西报的主要原因："前日汤生辱蒙垂问译西报事，窃谓西人报馆之议论，多属彼国党人之言，与中国无甚关系，偶有议论中国政事民情，皆夸诈隔膜，支离可笑，实不足为轻重。在中国办理交涉事，当局偶尔采译之，以观西人之动静，或亦未尝无补益，然若使常译之刊于民间，诚恐徒以乱人心志。在宪（著者按：宪，宪台，系对张之洞的敬称）意，不过欲借此以激励中国士人之心，而振其苟安之习耳。然窃恐中国士人开报馆、论时事之风渐盛，其事必至无知好事之辈创立异说，以惑乱民心，甚至奸民借此诽谤朝廷，要挟长官，种种辩言乱政流弊，将不可以收拾。"

不难看出，辜鸿铭的这番言论，是站在他所效忠的大清朝廷的立场上考虑问题的。他的观点，近似于历代统治者"防民之口，胜于防川"的理念。不仅如此，在另一篇小文中，辜鸿铭更是大骂那些译介西学的"烂报纸"和"烂主笔"传播邪说，误民祸国。辜鸿铭甚至还愤愤地表示，当年秦始皇的"焚书坑儒"可能都没有错："当日秦始皇所焚之书，即今日之烂报纸，始皇所坑之儒，即今日烂报纸之烂主笔也。"

除此之外，在《上湖广总督张书》一文里，辜鸿铭还大讲儒教尊王之旨、义利之辩、忠恕之道，反对当时学习西方的各种活动和康梁等人宣传维新变法的主张，认为"好论时事，开报馆，倡立议院"，是西洋乱政之所由来，显示出一种相当顽固的保守立场。

其实，在此之前的有关著述中，辜鸿铭也曾不时表露出对传统文化的自重自爱之心和对西方人误解、糟蹋和试图毁灭这一文明的极大反感，乃至抨击西方文明的某些弊端。但那时，他对于中国文化却还缺乏总体的把握，既没有从根本上否定近代西方文化的方向、精神，也没有明确表示固守传统文化的道路。而甲午战争后和戊戌时期那昂然而兴的"西化"浪潮，反倒加速和催化了他文化思想和立场的"质变"过程。在《上湖广总督张书》里，他已经表现出对儒家传统的彻底倾服和对学习西方的强烈反对。所以一般人认为，《上湖广总督张书》是辜鸿铭从醉心西学到彻底转变为一个文化保守主义者的标志。

正是这种转变，使得从甲午战争后到戊戌变法期间，辜鸿铭与幕主张之洞在政治和文化思想上都出现了不小的分歧。

张之洞对康梁等人抱有同情和支持的态度。1895年，康有为等人有感于中国官绅对世界大势的闭塞与懵懂，为开风气、启民智，在北京创办了一个鼓吹维新变法的组织——强学会。当时的湖广总督（署理两江总督）张之洞、两江总督刘坤一和直隶总督王文韶，都加入了强学会，并且各自捐献白银五千两作为会费。特别是张之洞，他不仅在中法战争和中日甲午战争期间都是主战派健将，赢得"天下之望"，并且在湖北开展洋务活动成绩显著，被舆论界推重为"朝廷柱石"，所以深得康梁等人的厚望。北京强学会成立不久，康有为准备在上海成立强学会，为此专门到南京寻求当时署理两江总督的张之洞的支持，受到张之洞的热情款待。后来张之洞还派自己的亲信幕僚梁鼎芬等人到上海帮助康有为创建学会，并捐银一千五百两。上海强学会成立后，康有为想推张之洞为会长。一向谨慎的张之洞虽然没有同意，但是允诺每月接济现银作为学会报纸的活动经费。正是由于张之洞对维新派的支持，很多维新人士都奔走在其门下，包括康有为、梁启超等人，都自称为张之洞的学生。

张之洞不但和维新派有较多的联系，他本人也是当时相当活跃的人物。他曾多次与康有为等人晤面，抵论时政，谋划事宜，并推荐自己的门生杨锐担任军机章京，参与维新要政。杨锐即"戊戌六君子"之一。积极支持变法维新的湖南巡抚陈宝箴，在湖南推行了一系列的新政措施，都得到张之洞的支持。同时张之洞审时度势，也有自己入参中枢、主持全国变法之意。所以当时张之洞一度是以"言新者领袖"的面目示人的，不少朝野权贵都把他划入"康梁一党"中。

但张之洞毕竟不是彻底的维新派。他支持维新派，是因为康梁等人的维新思想中有和他的洋务思想相同的地方，如学习西方、抵御列强侵略等等。但随着维新变法的深入发展，张之洞对康有为托古改制的做法和宣扬"民权"的思想产生了不满。特别是随着维新运动的发展，顽固守旧大臣诋毁和排斥维新的势头很盛，光绪与慈禧的帝后党争又有如箭在弦上。几经政治风雨、谙熟政局走势的张之洞觉察出康有为等人政治上的幼稚，判断其终不能成大事，于是改变了对维新派的支持，撤回了对上海强学会的财政支持，对《时务报》的激进言论进行干涉，并严斥积极支持变法维新的湖南巡抚陈宝箴、学政徐仁铸等。到了太后一党反攻的风声日紧之时，张之洞感觉自己必须出来表明自己的观点，以划清与康梁维新派的思想界限，于是在戊戌变法前期撰写了《劝学篇》。

张之洞的《劝学篇》全文四万余字，分内外两篇。"内篇务本，以正人心；外篇务通，以开风气。"所谓"本"，指的是有关世道人心的纲常名教，不能动摇；所谓"通"，指的是工商学校报馆诸事，可以变通举办。他一方面批评顽固派的"守旧""不知通"；另一方面批评维新派的"菲薄名教""不知本"。在《劝学篇》里，张之洞提出了"中学为体，西学为用"的著名主张，主张在维护儒家纲常名教和君主专制制度的前提下接受西方近代社会的技艺。这一理念其实也是张之洞对历来的洋务思想集大成式的总结和概括。

《劝学篇》因外篇有若干新学内容，故为光绪帝所接纳；而其内篇力辟民权论，以"忠君爱国，尊经守道"为说教，又为慈禧太后所欣赏。这正表现了《劝学篇》及张之洞本人的双重色彩，而恰恰是这种双重色彩，使《劝学篇》在多事之秋的戊戌年间能够左右逢源，被帝后交相嘉许，降谕准予刊行，"不胫而遍于海内"。

等到慈禧太后发动戊戌政变后，光绪帝被幽禁，谭嗣同等六君子被戮于菜市口，康梁等流亡海外，一时之间，风声鹤唳，草木皆兵。廷臣外吏中也颇有遭株连者，如当时的湖南巡抚陈宝箴，亦因与张之洞同荐杨锐，而获咎革职。而张之洞竟然未遭牵连于一丝半毫，于是朝野上下不免窃议，称南皮有"变色龙"之神功。康梁等人也斥责张之洞畏缩自保，背弃维新，双方几至决裂。

和深陷这场政治运动漩涡的张之洞不同，作为张氏幕宾的辜鸿铭，离这场运动甚远。这时的辜鸿铭，已日益走上了他所心仪的政治顽固、文化保守的道途。在当时戊戌维新思潮勃然而起、许多人纷纷呼吁引进西学进行变法的时候，辜鸿铭却"独静谧，言必则古昔，称先王，或为谐语以讽世"。对于主公张之洞在维新变法期间的做法，辜鸿铭颇不以为然。因为张之洞和康梁等人的关系及其离合始末，辜鸿铭是十分清楚的。在他后来用英文所著的《清流传》中，辜鸿铭曾一针见血地揭露了张之洞撰《劝学篇》的目的，是"绝康梁并以谢天下"，有政治投机之嫌；另一方面辜鸿铭也对张之洞在书中倡言的"中学为体，西学为用"的主张进行了剖析和反驳："他一方面认为儒家原则是真理，在个人生活中必须绝对遵从；但另一方面又认为，这一原则在现代国家生活中则行不通。儒家之教，告诚个人或国家不必专心致志于财富、权力和物质的繁荣，本乎孔子'贱货贵德'之说。而现代欧洲的新学则教导人们，人生的成功和国家的强大，基础在于拥有财富、权力和物质的繁荣。面对这两种矛盾的理想——儒教的理想和现代欧洲新学的理想——张之洞试图以一种天真的方式将它们调和起来。他得出了一个结论，即，一个人必须有双重道德标准——一个是关于个人生活的，一个是关于国家生活的。作为个人，中国人必须严守儒教原则，但作为一个民族，中国人则必须抛弃儒教原则而采用现代欧洲新学的原则。简而言之，在张之洞看来，中国人就个人而言必须继续当中国人，做儒门'君子'，但中华民族——中国国民——则必须欧化，变成食肉野兽。"

在辜鸿铭看来，张之洞的做法，其实是一种"调和折中"。在人生道德准则上，张之洞坚持的是中国传统的儒家原则；而在经世治国的主张上，张又采用欧洲的物质主义和功利主义。但是在辜鸿铭看来，这种自以为两全其美的调和是不可能的，因为两者之间在价值取向上存在根本分歧，是很难合二为一的，"你不能既侍奉上帝，同时又供奉财神"。正是由于上述弱点所致，张之洞只能成为极端的理想主义者。

辜鸿铭也充分地意识到，张之洞的理由是"我们处在一个只认强权，不认公理的肉食民族的包围之中，时代迫切要求解除对于中国及其文明存在的巨大危险"。也就是说，张之洞主张引入西学是为了保全大清王朝和名教的现实需要，这种需要超越一切的道德准则。但是在辜鸿铭眼里，道德准则是应该高于物质利益的。

事实上，对包括张之洞在内的洋务大臣以及以"中体西用"思想为指导的整个洋务运动，辜鸿铭都多有批评。其中很重要的一点是，在辜鸿铭看来，洋务大臣和洋务运动有很强的

"重功利而轻气节"的倾向。张之洞虽然是清流党人出身，一直坚守儒家的纲常名教观念，但是在转向洋务派后也有了过于追求名利的思想。有一回，有一批即将出洋留学的学生临行前拜见张之洞。张之洞赠言勉励说："你们到西洋，要努力用功求学，将来学成归国，好为国家效力呀！到时候你们还怕不能插金花戴红帽，做朝廷的大官吗？你们可得牢牢记着我这番话啊！"对此，辜鸿铭颇不以为然，批评张之洞是"未脱功利之念"。

换句话说，在坚守儒学传统故道、维护纲常名教这一点上，辜鸿铭比张之洞走得更远，更加"清流"。在他看来，即使是出于"公利"的需要，也不能妨碍和破坏儒家传统的道德准则。更何况他认为儒家的传统思想和西方近代的科技物质实际上是不能调和的。而张之洞则又反过来批评辜鸿铭，说他"知经而不知权"。也许，这正是作为更多是学者文人的辜鸿铭与兼而为权臣疆吏的政治家张之洞之间的不同之处吧。

讥笑维新派

对于主公的态度尚且如此，对于维新党人及其改良维新之举，辜鸿铭更是毫不客气了。

我们现在还找不到辜鸿铭在戊戌变法前后和康梁等维新派人物直接发生矛盾冲突的记载，但是辜鸿铭显然是很不喜欢这些维新人物的。在《清流传》中，辜鸿铭认为"康有为及其同党"的变法是发生在中国的"凶猛暴烈的雅各宾主义""这种雅各宾主义意味着要使中国全部欧化"，而这正是辜鸿铭最担心的——西方文明"即将占领中国并毁灭中国文明"。正因如此，他对这场变法运动抱以坚决反对的态度。对于张之洞和康梁等人的密切关系，辜鸿铭也感到不安，虽然他知道张之洞倡西学的意图是借富强保名教，而不在改良变法，但是康梁却是想借改良而废弃名教的。所以辜鸿铭曾向张之洞进言说，"据我所知，康有为人品卑劣，计划虚真不实"，但是他的主公非但听不进去，还当面斥责他"根本不懂中国政治"。但是辜鸿铭却一直是把康有为作为卑鄙小人和乱臣贼子来看的。即使清王朝覆亡之后，他们两人同为尊孔保皇派的代表人物，辜鸿铭也没有停止过对康有为的攻讦。据胡适记述，当时康有为等人发起成立孔教会时，辜鸿铭大骂以圣人自居的康有为根本不懂孔学，连拜孔子的资格也不配有："监生拜孔子，孔子吓一跳，孔会拜孔子，孔子要上吊。"语言之刻薄，于此可见一斑。

辜鸿铭批评较多的另外一个维新人物，是以翻译和传播西学出名的严复。

严复（1853～1921），字又陵，又字几道，福建省侯官人，是清末很有影响的资产阶级启蒙思想家、翻译家和教育家。1898年春天，严复翻译的斯宾塞《天演论》全部完成。《天演论》意在倡导学习西方，着眼"物竞天择、适者生存"，最直接了当地说出世界民族竞争大势、强权世界的公理，可谓19世纪末20世纪初思想界振聋发聩之作。

辜鸿铭对严复的这一译著，却抛出一顿臭骂，著文驳斥说："今夫新学也，自由也，进步也，西人所欲输入吾国也，皆战争之原也。我国之文明与欧洲文明之异，欧洲之文明及其学说在使人先利而后义；中国文明及其学说在使人先义而后利。孟子曰：'苟为后义而先利，不夺不餍。'列强以竞利之敌，互相吞噬，穷极其残暴不仁之武力耳……。孔子曰：'君子喻于义，小人喻于利。'以小人之道谋国，虽强不久。以君子之道治国，虽弱不亡……。"

辜鸿铭以为《天演论》那一套"优胜劣汰"的道理其实并没有什么高明。早在数千年前，儒家《中庸》一书中就有"栽者培之，倾著复之"之语，这八字其实早已说尽一部《天演论》，如今严复却反复词费，矜为创造，实在是没有必要。

辜鸿铭很看不起译述西人著述者，特别是严复和林纾。虽然他后来是以翻译出名，特别把中国儒家经典翻译传播到西方，只是文化输出的路向不同而已。

林纾（1852~1924），字琴南，号畏庐，别号冷红生。福建闽县（今福州）人，近代著名文学家。林纾出身举人，曾任教京师大学堂，思想倾向维新。他完全不懂西文，不能读原著，但是根据别人口译，用古文笔法翻译了欧美等国的小说一百七十余种，其中以《巴黎茶花女遗事》最为有名，在近代中国文坛上影响甚大。晚年思想上倾向保守，反对五四新文化运动，是守旧派的代表人物之一。

辜鸿铭不仅不服严、林二人，而且颇恼恨之。民国初年，有一天严复、林纾、辜鸿铭等人同时参加一个宴会，三位译界先驱彼此都不认识。酒过数巡，辜鸿铭突发高论，大声说道："如果我操有生杀大权的话，一定要杀两个人以谢天下。"座中有人问他杀哪两人，辜鸿铭说："就是严又陵、林琴南。"严复修养很好，一副充耳不闻的神态。林纾却十分不解地问道："这两个人不知有何开罪足下之处，竟然不顾同乡之情（著者按：三人同为福建人），要杀他们呢？"辜鸿铭恨恨地说："严又陵以《天演论》宣扬物竞天择，于是国人只知竞而不言理，以致民祸连连，民不堪其苦。林琴南译《茶花女》，诲淫诲盗，使一班青年男女不复知礼教何物。不杀此两人，天下不得太平。"原来他不能原谅的，乃是眼中严复和林纾破坏中国传统文化的"罪行"。

戊戌变法的时候，日本的首相伊藤博文以"游历"为名，来中国访问。维新运动失败后，伊藤博文做了些帮助维新人士前往日本避难的活动，于 10 月初南游武昌。张之洞接待了伊藤博文。作为幕僚的辜鸿铭，也和伊藤博文有过会面。此时，辜鸿铭刚刚完成《论语》的英译本，便送给了伊藤博文一部。伊藤博文作为日本首相，也曾留学英国，又挟胜者之势，故意问辜鸿铭："听说你精通西洋学问，难道先生还不能了解，孔子之道，只能施行于数千年前，不能适应当今二十世纪的局势了吗？"辜鸿铭知他有鄙薄中华之意，应道："孔子之道，是教育世人的方法。这正如数学家算加减乘除一样。这算法，数千年前，是三三得九，到了今天二十世纪，仍然还是三三得九，难道能变为三三得八吗？"伊藤博文一时竟无言以对。

五、太后和拳民的辩护者

庚子国难与东南互保

19 世纪末的中国，风云激荡。甲午战争后出现的民族危机促使了戊戌变法的发生，但这次变法三个月后即告失败。在此前后，西方列强加紧对中国的侵略，纷纷强占租借地，划分势力范围，大力进行资本的输出和经济的掠夺，掀起了瓜分中国的狂潮。中国的民族危机进一步加深，空前严重。在此背景之下，一场来自底层的抗争风暴——义和团运动很快出现并迅速发展起来。

义和团原称义和拳，是长期流行于山东、直隶（约今河北）等地的许多民间秘密结社中的一种。义和团运动兴起之时，清廷官员在对待义和团的策略上，就存在着"剿""抚"两种不同的意见。主剿者认为义和团源自白莲教，必须严加取缔，坚决镇压，以防止事态扩大；主抚者则认为对义和团采取高压政策，很可能对清朝统治带来严重危险，不如实行招抚，还可操纵利用以对付洋人。处于最高统治地位的慈禧太后，在如何处理义和团的问题上一开始也是犹豫不决。但是，"废帝立储事件"发生，最终促使她决定支持和利用义和团运动。

戊戌政变之后，慈禧太后镇压了变法运动，光绪皇帝也被囚禁在中南海的瀛台，失去了政治权力和人身自由。但是光绪毕竟还有皇帝之名，为彻底解决这个潜在的威胁，慈禧太后谋求废掉光绪的帝位。1900年，慈禧太后逼迫光绪下诏，以久病不能君临天下为由，册立瑞郡王载漪的儿子溥隽为大阿哥（即皇位继承人）。诏书还定于新年之时举行立储典礼，请各国公使观礼庆贺。

此诏一出，不但国内舆论哗然，也招来了西方国家的反对。不少国家对年轻开明的光绪皇帝抱有好感，不赞成这场换皇帝的闹剧。各国公使纷纷表示抵制立储，拒绝入宫庆贺。此外，列强还多次警告慈禧，希望她"还政"光绪。西方国家的这种反应让慈禧太后大为不满，认为洋人平时对我大清多有羞辱，如今"竟敢干预我家事，此能忍，孰不能忍"，于是定下了利用义和团来对付洋人之策。

在清廷的纵容和支持下，义和团运动迅速发展。很快其中心由山东转移到天津和北京等地。义和团控制交通，烧毁教堂，攻打海关，包围使馆，那些外国传教士和各国使馆人员，只能躲在东交民巷使馆区和西什库教堂里，惶惶不可终日。

西方列强早就对义和团运动深感忧虑，多次要求清政府保护列强利益，剿灭义和团。在看到清政府无力控制局面甚至有意纵容义和团之后，各国决定直接出兵中国干涉，代为进剿。6月10日，俄、英、美、日、德、法、意、奥等八国拼凑了两千多人的部队，在英国海军中将西摩率领下，从天津向北京进犯，挑起了八国联军侵华战争。1900年是农历庚子年，故史称

"庚子之祸""庚子国难"。

八国联军出兵侵华之后，把持朝政的载漪等人力主对列强开战，慈禧太后举棋不定。6月16日，慈禧接到一份列强要她还政光绪的谎报，大为震怒，连续召开四次御前会议。会上载漪等人认为拳民有神术，能灭尽洋人，光绪帝等人则以为不可轻启外衅，应剿灭拳匪。但慈禧已决意要与洋人开战了。6月21日，慈禧发布上谕，宣称"与其苟且图存，贻羞万古，孰若大张挞伐，一决雌雄"，正式对列强宣战。

就在战争爆发、北方陷入战火之中的时候，南方各省的一些封疆大吏，如李鸿章、刘坤一、张之洞等人却联合起来，对朝廷的宣战诏书拒不执行，策划了"东南互保"的一幕。

当时，驻上海的英国总领事华仑为了防止中国南方响应北方的反帝斗争，保护英国在中国的利益，致电英国外交大臣："我们应当立即与汉口及南京的总督达成一项谅解：如果他们可以指望得到女王陛下政府的有效支持，他们将在所辖地区尽力维持和平。"同时，紧急部署，调动军队，租界戒严，随时注视南方各省的动态。

正在上海的芦汉铁路大臣盛宣怀，看到北方形势危迫，于6月14日致电刘坤一、张之洞，称："各国正在筹设，如两公再不设策，危殆即在旦夕。"刘坤一、张之洞等人，一开始就对义和团运动的发展深感忧虑，是主剿派代表。两人曾多次上奏朝廷，劝慈禧改变主意，消灭义和团，以免"养痈成患，滋蔓难图"，但是不为慈禧所听。战争发生，盛宣怀拍来电报后，张之洞马上召集辜鸿铭等一班幕僚商议，一致以为在英、俄等国对长江中下游虎视眈眈的形势下，应当采取措施，与列强达成谅解，以图自保。后来张之洞又会同李秉衡、刘坤一、鹿传霖、王之春、松寿等南方各省军政人员，联名致电总理衙门，申述当前形势之下，必须应列强要求"痛剿"义和团，并召李鸿章北上与各国议和。不料次日，清廷却发布了正式宣战的上谕。宣诏书达各省之后，两广总督李鸿章首先复电："此乱命也，粤不奉诏。"公然拒绝执行。张之洞、刘坤一等人见朝廷一意孤行，深恐战火蔓延到南方，以致苍生涂炭，国家破亡，同样在各自辖区内采取了抵制措施，以朝廷下发的宣战上谕是"伪诏"为名，秘而不宣。

6月24日，盛宣怀又致电李鸿章、张之洞、刘坤一，希望他们尽快与各国订立和约，上海租界归各国保护，长江内地均归督抚保护，两不相扰，提出了日后"东南互保"的大致轮廓。刘、张决定接受盛宣怀的建议，分别派沈瑜庆、陶森甲前往上海，商谈有关事宜。6月26日，谈判代表与各国驻上海领事馆订立了由盛宣怀草拟的《东南保护约款》。主要内容是上海租界归各国保护，长江内地各省督抚控制该省局势免受北方义和团影响，双方两不相扰，保全中外商民的生命财产。

在盛宣怀的穿针引线、往返活动下，除了湖广总督张之洞和两江总督刘坤一之外，两广总督李鸿章、山东巡抚袁世凯、闽浙总督许应骙、四川总督奎俊、浙江巡抚刘树棠、安徽巡抚王之春等封疆大吏也都赞成并参与到"东南互保"当中，其范围扩展到浙江、福建、广东、四川、陕西、河南、山东等十余省，联成一个广阔的区域。辜鸿铭的幕主张之洞在这个活动中充当了盟主角色，时人讥讽其在庚子年间所处之地位"不啻为南方各省总统"。

这样，一种奇特的景象出现了：中华帝国仿佛被分为南北两个不同的国家——在北方因为义和团运动以及和列强的战争而混乱不堪的时候，南方却抗旨不遵宣布中立，从而保持了一番和平的景象。

东南互保的时候，八国联军正加紧对京津地区的进攻。以慈禧为首的清政府在八国联军打击下，很快就放弃了侥幸取胜的幻想。八国联军进抵北京近郊后，清廷慌忙电催两广总督李鸿章北上，任命他为直隶总督和全权大臣，负责对各国议和事宜。列强公使却表示不进北京城决不罢休。8月14日凌晨，八国联军一万八千余人攻陷北京，占领了紫禁城。八国联军所到之处，烧杀淫掠，惨绝人寰。中国"自元明以来之积蓄，上自典章文物，下至国宝奇珍，扫地遂尽"。联军总司令、德国人瓦德西也承认："所有中国此次所受毁损及抢劫之损失，其详数将永远不能查出，但为数必极重大无疑。"

当此战火连绵、国破家亡之际，作为张之洞重要幕僚的辜鸿铭参与过哪些活动呢？据沈来秋《略谈辜鸿铭》一文说，辜鸿铭是东南互保正式谈判的中方主要代表，以其辩才舌战英国驻上海总领事华仑，直接促成了互保条约的签订。兆文均《辜鸿铭先生对我讲述的往事》一文中，更通过辜鸿铭的"自述"，把辜鸿铭说成是"东南互保"的最初谋划者，并且是直接促使张之洞、刘坤一断然决策的关键人物。文中更以大部分篇幅讲述了辜鸿铭奉张之洞之命进京参与《辛丑条约》的谈判，先后导演了诸如利用旧交关系降服八国联军总帅瓦德西、数度为庆亲王奕劻和李鸿章讲演世局分忧解难、私相接见列强公使利用各国之间的矛盾舌战群雄、力抗李鸿章卖国亲俄等许多的好戏。沈来秋是辜鸿铭儿子辜守庸的同学，兆文均则是辜鸿铭在北大的同事，曾在辜鸿铭家中学习达六七年之久，所以二人的回忆文章为很多人所信。当年同为北大教授的梁漱溟先生，就对兆文均所谓辜鸿铭自述的文字深信不疑。但是现在看来，沈来秋文中的相关部分和兆文均一文的大部分内容，都没有相关材料的印证，有很大的虚构和夸大嫌疑。实际上，即使辜鸿铭真的参加过《辛丑条约》的谈判等政治活动，以他当时的身份地位，最大的可能也是做一些辅助性的工作，如翻译、咨询或参谋而已，不可能起到直接影响政局的作用。辜鸿铭生前好以大言夸示于人，身后事迹又经不少人附会演义，所以上述这些说法的真实性是很值得怀疑的。

有关辜鸿铭在庚子之乱和东南互保期间的活动，真正有据可考的大约有三件事。第一件事是 1900 年 6 月 17 日，辜鸿铭作为翻译参加了张之洞和英国驻汉口代理总领事之间关于东南互保的一次会谈；第二件事是 1900 年 7 月，辜鸿铭向张之洞建议并且成功地从英国得到一笔五十万两白银的借款，以此作为防范英国军舰侵入长江流域的筹码；第三件事是他以英文撰写和发表了一系列的论文和时评，并以《尊王篇》为题结集出版，这也是辜鸿铭在当时影响最大的活动。

"我们愿为太后去死"

从 1900 年起，辜鸿铭就在日本横滨的《日本邮报》发表了一系列评论时局的文章。1901 年，辜鸿铭将这些文章结集成书，定名《尊王篇》，在上海的一家西方商务机构出版。主要包括五篇文章：《我们愿为君王去死，皇太后啊！——关于中国人民对皇太后陛下及其权威真实感情的陈述》《为吾国吾民争辩：现代传教士与最近骚乱关系论》《为了中国的良治》《关于中国问题的近期札记》及《文明与无政府状态或远东问题的道德难题》。这一系列文章的主旨，一方面是为慈禧太后、为义和团运动、为大清朝廷、为中国文化、为东方文明激烈辩护；另一方面同时抨击西方列强的在华政策，谴责列强对中国的野蛮侵略，呼吁各国尊重中国的主权，特别是慈禧太后的合法统治权，奉劝其管理好在华洋人，勿使之扰乱中国。

义和团事件和庚子之乱的发生，执掌大清权柄的慈禧太后是罪魁祸首，这是当时中外人士的共识。庚子期间，西方舆论和各国政府对慈禧发起强烈声讨，声言要惩办"祸首"，让慈禧太后大为不安。康有为也在《字林西报》上发表文章，揭露和攻击慈禧太后，把战争的最终原因归结到慈禧身上。这个时候，只是慈禧手下一个大臣幕僚的辜鸿铭却站了出来，在西方人面前为他所效忠的慈禧皇太后辩护。在《尊王篇》的第一篇文章里，辜鸿铭极力美化慈禧太后的形象，企图洗刷一切他认为"强加"在慈禧太后身上的"不实"之词。从文章长长的标题——《我们愿为君王去死，皇太后啊！——关于中国人民对皇太后陛下及其权威真实感情的陈述》当中，我们可以看到辜鸿铭对于慈禧的赤胆忠心。在致报社编辑的信函中，辜鸿铭还颇费心思地声称此文得到张之洞、刘坤一两位总督大人的授权，以此向西方读者传递一种信息：对于慈禧太后的最高权力，南方各省督抚们是全力支持的。

文章中，辜鸿铭首先向西方人解释说，皇太后并非他们心目中那种"仇视西人和固执旧法"的顽固形象。要说"亲"西人，康有为及其党徒所"亲"是假，而慈禧太后之"亲"才是真。1861 年《北京条约》以来"数十年中外相安"的局面，就是她一手促成。接着，辜鸿铭还一气举出慈禧"不排外"的诸种例证：她两次召公使夫人入宫觐见，"待以优礼，以示中外一家之意"；又让皇上学英文，了解外国情形……甚至于张之洞、刘坤一发起的"东南互保"，在辜那里，也因张、刘乃慈禧的亲信股肱大臣，而成了后者不排外的重要证据。

关于洋人对慈禧祖护义和团、利用义和团驱逐洋人的指责，辜鸿铭的辩护很是特别。他说义和团本来是很正当合理的，它因办团练而起，一是为了国内治安，一是为了抵御外侮。后来"团民"变为"匪"类，但太后鉴于"团民"与"匪"类鱼目混珠，担心玉石俱焚，所以起初未加剿灭，这不能说明太后袒匪。至于"团民"变为"匪"类的原因则有诸多：一则传教士不能约束教民，造成地方冲突；再则铁路创开，洋工麇集，导致内地民情不安；再后来"匪"焰愈张，则主要是因为外国公使馆"误信浮言"，不信任慈禧太后之故。最后中外决裂，直接的导火索是传来"西人请皇太后归政之说"，这其实是洋人干涉中国内政、伤害中国人的"忠君"感情的恶果。按他的理解，义和团运动发生的终极原因是中国人民对于太后的忠诚。所以，他说目前这场中外冲突，"是一场人民的战争，而不是一场政府的战争，事实上，它毋宁说是置政府于不顾"。他甚至这样写道："在中国，从南到北，自东祖西，一个声音高喊着：'我要为君王去死，皇太后啊！'"

为了向西方宣示中国人的尊王意识和忠君情结，辜鸿铭还从中国道德伦常的高度晓谕说，作为一个个体或民族，中国人有两种感情是最为神圣不可侵犯的：在私人生活中绝对孝敬父母，在社会生活中忠崇君王。他更是奉劝欧美人放弃他们现在所热衷的"爱国主义"，而铭记他们古老的拉丁文中更为神圣的"Loyalty"（忠）。基于这种伦常，辜鸿铭一再指出，皇太后陛下作为中华帝国的"国母"，在中国人心中享有至高无上的绝对权威，她的权力、地位、名誉及一切人身自由都是不可侵犯的。沪上西文报纸加之于她的攻击和污蔑，"都是极为愚蠢、放肆、鲁莽和毫无道理的"。辜鸿铭还特别从厉害关系上告诫洋人说，现在中国还没有一个人能够取代慈禧的位置，"此时此刻，皇太后陛下的存在及其影响，乃是中华帝国稳定和统一的唯一保证"。

辜鸿铭还动情地赞美道，在四十年灾难频仍、动荡不宁的岁月中，像皇太后这样的国家掌舵之人，该需要怎样的政治家风范、胆略、坚忍不拔和治国才能啊！特别是"削平发捻，重奠山河，最为不易""其德足以感人，其明足以知人"。他还从性别和生活遭遇等方面来为慈禧辩护，认为对皇太后陛下的年纪和个人生活的不幸，世人不可不同情："年轻时希望的破灭，长期孤独的寡居生活，为帝国操劳，为儿子担忧。他唯一的儿子（同治帝）突然死去，对她这个慈爱的母亲是最残酷的打击，如今所留下的，只是一个饱经忧患的皇太后和历尽痛苦折磨的母亲之孤寂的心灵。"所以辜鸿铭奉劝那些由文明的西方人所办的报纸不要对她恶意中伤，更不要再有"惩办祸首"之类的说法。总之，在辜鸿铭的心中，慈禧太后就是一位伟大的政治家，一个值得同情的女性。在后来的文章中，他甚至认为慈禧简直就是中国妇女中最为杰出的楷模，犹如一朵纯朴而高贵的"满洲文明之花""中华文明之花"。他说："如果世上还有一个既具有高贵的灵魂，又不失单纯童心的伟大女性的话，那就非刚刚故去的皇太后莫属了。"

其实，不仅是庚子时期，一直到慈禧死后，辜鸿铭都始终如一地保持着对慈禧太后的忠心。1910 年出版并在西方社会大为畅销的《慈禧外传》一书，里面有大量关于慈禧太后政治狡诈和生活腐化的描述。这引起了向来以为皇太后辩护自命的辜鸿铭的极大反感，他不仅在洋人圈子里一再抨击该书，甚至专门著文揭露它的两位作者及书中的"不实之词"。1911 年武昌起义爆发后不久，他又在《字林西报》上著文，对该报所渲染的慈禧残忍地谋杀同治帝、毒死东太后、宠信太监李莲英、囚禁光绪帝等丑闻，表示直接的抗议。甚至对于当时中外咸知的慈禧太后生活腐化一事，辜鸿铭也做了反驳。

现在看起来，辜鸿铭对慈禧所做的不少辩护都是荒诞无稽和混淆是非的，乃至让人有些无法理解。不过，必须看到，在那个将忠君和爱国视为一体的年代，辜鸿铭之所以如此狂热地为慈禧辩护，除了理性与情感纠结的"尊王"忠君意识之外，也有捍卫国家和民族尊严的强烈色彩。

值得注意的是，辜鸿铭对内对外于慈禧的态度是有差别的。对外，他强词溢美；对内，也曾颇有微词。这点我们在后面的记述中还会提到。

"为吾国吾民而辩"

《尊王篇》的另外一篇重要文章，是《为吾国吾民争辩：现代传教士与最近骚乱关系论》。此文原作于 1891 年长江教案时期，八国联军侵华后，辜鸿铭特意把这篇文章收录在《尊王篇》中出版，谴责西方人的宗教和文化侵略，为义和团运动辩护。

1891 年，长江中下游沿岸城镇开展了一系列反对外国教会的斗争，史称"长江教案"。长江教案期间，传教士和侵略分子大造舆论，歪曲中国人民反洋教运动真相，污蔑和谩骂中国人野蛮，同时叫嚷"炮舰镇压"。辜鸿铭奋起抗争，以英文写就了《为吾国吾民争辩：现代传教士与最近骚乱关系论》这篇文章，发表在《字林西报》上。文中，辜鸿铭以"一个中国人"的名义宣称："在所有这些教案中，外国公众只能听取当事一方传教士的一面之词，而中国人民的声音却听不到。现在，我代表那些中国人提出下列意见，相信这在每个正直无私的外国人看来都将是公正的。"

辜鸿铭的意见大约可分为两方面。一方面是驳斥在中国传教是"提高人民的道德""开启人民的智识"和"慈善中国人民"的谎言，说明在中国传教完全没有必要。另一方面，又有力地论证了传教对中西双方都大有害处，必须改革或彻底废止。至于中国一般民众的排外，辜鸿铭认为，其根源主要在于传教士自身的无恶不作。他们"对中国人蛮横、放肆，到处插手和施行小小的暴虐"，此外还怂恿其教民无法无天。基于此，辜氏明确宣称：中国人民憎恨传教和传教士，"以他们所具有的力量""猛烈地撞击"他们，在道德上是完全正义的。他正告那些"叫嚷炮舰镇压"的传教侵略者说："一切愚蠢和感情用事的憎恨当然应当制止，但那种归根结蒂是正义的憎恨，我相信再多的炮弹和葡萄弹也摧毁不了它。那些试图如此行事的人将只能造成混乱和以伤害他们自己而告终。……传教士们已经大声以'鸦片战争'相恐吓，但他们应称之为一场'传教士战争'，我们现在正面临着这样一场战争。除非外国人有足够的常识，有公正无私的正义感，否则无法阻止它。"而要诉诸这种常识和正义感，外国政府唯一的出路就在于撤走全部传教士，最起码也要对在中国的传教事业作某些修改。这就是辜鸿铭所要表达的最终结论。

正如辜氏自己所声称的那样，他对西方在华传教的抨击，的确代表着中国人民的利益和呼声。他公开向西方世界宣称中国人民反洋教运动在道德上的正义性，实在是难能可贵的。在他的抨击中，除了浓烈的传统民族感情和意识外，还能使人体验到一种受过西方近代民族意识熏陶的国格意识和民族自尊感。此文的出现，使西方在华传教侵略面临了一个来自中国的、前所未有的思想论敌。也正因此，此文发表后，在西方舆论界引起了一定程度的"惊奇"和"同情"效应。著名的伦敦《泰晤士报》就摘录并评介了此文。令人感慨的是，在摘录并评论了此文之后，这家著名报纸的社论作者竟然怀疑此文真是由一个中国人所写，其理由是：若此文出于中国人的手笔，那"行文的语气中，绝不会有那种高贵的静定"。

义和团运动和八国联军侵华战争之时，辜鸿铭把十年前的这篇文章翻出来放在《尊王篇》中，则是为当时义和团的反洋教斗争辩护，继续把他对西方对华侵略的愤慨和谴责倾泻到西方的传教活动及其传教士身上，认为教会和传教士们的种种恶行，才是义和团事变兴起的重要根源，它必将导致中国人的反抗。

1900 年底至 1901 年初，当列强议和代表叫嚣要中国拆毁大沽炮台时，辜鸿铭起而声言：“我在此贸然提醒世界注意，在中国存在一个更危险的炮台——传教士炮台。我斗胆预言，假若这一炮台不引起世界应有的关注，很快甚至连外国人在中国谋生都不可能——除非抢！”

除了为慈禧太后和义和团运动做辩护之外，在《尊王篇》的其他文章里，辜鸿铭还以其广博的欧洲见闻和西学知识，对英、法、德、俄、美等国进行无情的揭露和嘲讽。在他看来，英国人虚伪傲慢，法国人可恶伪善，德国人极端自私，俄国人野蛮残忍，美国人则粗鄙庸俗。对于这些国家的传教士、商人、军人、外交官在中国的种种恶劣行径，以及列强对华政策的蛮横无理和对中国内政的肆意干涉，辜鸿铭给予了深刻揭露和猛烈抨击。由此出发，辜鸿铭反击了西方对中国“夷”的诬称：“中国人并不是蛮夷。当今之世，真正的蛮夷是那些乱臣、贼子、伦敦佬、资产阶级分子、市侩、追逐名利之徒、殖民政客以及想把耶稣基督变成一个食肉动物的政客！”日俄战争以后，辜鸿铭在一篇文章中更是明确提出：“真正的夷人是那些以种族自傲、财富自高的英国人和美国人，是那些唯残暴武力是视，恃强凌弱的法国、德国和俄国人，那些不懂得什么是真正的文明却以文明自居的欧洲人！”

义和团运动和八国联军侵华之后，列强最后还是和清政府签订了合约，并且也丝毫未追究慈禧的“责任”，这究竟与辜氏"释疑解惑"的言论有无关系呢？对此，我们还缺乏资料的证实，而且即使有的话这种关联恐怕也不能夸大。但是，当民初遗老撰写《清史稿》的时候，是把《尊王篇》作为辜鸿铭一生的伟业而大加称赞的。《清史稿·列传》关于辜汤生的部分这样写道："庚子拳乱，联军北犯，汤生以英文草尊王篇，申大义。列强知中华以礼教立国，终不可侮，和议乃就。"

六、传统文化在世界的发言人

仕途上的失意人

庚子之乱中，慈禧太后带着光绪皇帝和一班亲信臣仆，仓皇逃到一千多里外的西安。这次漫长的行程，不仅让养尊处优的慈禧太后饱尝颠沛流离之苦，而且也让她亲眼看到了大清国的凋敝，深感宗社倾覆的危险。痛定思痛之后，1901 年 1 月 9 日，慈禧以自己和光绪帝的名义下"变法诏"，指陈数十年积弊相仍、因循粉饰，以致酿成大衅。欲求振作，必当更张。诏书中说："世有万古不易之常经，无一成不变之治法……盖不易者三纲五常，昭然如此日星之照世。而可变者令甲令乙。不妨如琴瑟之改弦"从而揭开晚清最后十年的变法自强的序幕。这就是"清末新政"。

1901 年 4 月 21 日，清政府设立督办政务处、具体筹划"新政"。任命庆亲王奕劻，大学士李鸿章、荣禄、昆冈、王文韶，户部尚书鹿传麟等人为督办政务大臣。地方疆吏当中，又委两江总督刘坤一、湖广总督张之洞遥为"参预政务大臣"（后增补山东巡抚袁世凯）。此后，清政府颁行了一系列上谕，改革官制、奖励实业、编练新军、改革法律、废除科举、兴办学堂、鼓励留学、酝酿实行立宪……此次新政的广度和深度，较之两年前被镇压的戊戌变法，有过之而无不及。

张之洞在成功策动东南互保后，声望大增，俨然以百官之首自任，举足轻重。新政伊始，张之洞就会同刘坤一向朝廷连上三疏，积极参议新政。同时，在湖广总督任上，张之洞大力推行新政。其实他在湖北的新政事业，早在洋务运动期间就已打下雄厚的基础，现在不过是换了"新政"之名，进一步发扬光大而已。

张之洞在湖北的新政措施中，最有成效的当属教育。兴教育才，原本就是张的拿手好戏。洋务运动时期，张之洞就在湖北大办教育，创办了许多书院和新式学堂。新政开始后，两湖地区的各书院相继改作了新式学堂，各地又增设了许多新的师范学堂，培养师资力量。在张之洞的倡导下，湖北形成了由初等、中等和高等学堂所组成的一整套的体系，开全国风气之先。此外，大量派遣留学生赴欧美、日本留学。这样一来，张之洞幕下的那一班硕学鸿儒们，又派上了用场。

然而，作为张之洞幕中最为了解和精通西学的辜鸿铭，却对新政大不以为然。在他眼里，从朝廷到地方督抚们所热心的"新政"，不过徒慕西方之表而已。就拿这新式学堂来说，其所谓"新"，实则"西"也。实际上许多新学堂只是换了块招牌，内里并没有真正的变化。更何况在辜鸿铭的心目中，中国固有的传统儒家文化及东方古老文明才是最好，又岂是那浅薄、粗俗的西方文明所能比的？于是对张之洞的新政活动，辜鸿铭并不怎么上心，反倒时发讽谏之语。好在张之洞爱惜其才，又素知其习气，也不以为忤逆。

张之洞在湖北的新政教育中，有"小张之洞"之称的幕僚梁鼎芬出力最大。梁鼎芬于此事非常积极，献计献策，到处奔走，是两湖地区新式教育中最为活跃的人物。辜鸿铭虽然是梁鼎芬的挚友，但是对梁的某些做法却颇不以为然。有一次，他更是任情使性地使梁氏当众出了丑。

一次在某新式学堂的开学典礼上，梁鼎芬请来了张之洞及全省学政官员十数人，加上该校的教员及学生，共有数百人之众。场面布置得颇为壮观，会场上情绪尤其热烈。梁鼎芬派东洋留学归来的刘某致辞。辞文乃梁氏亲自撰写，为张之洞歌功颂德，文字华美，辞藻富丽。刘某站到台上琅琅诵读，抑扬顿挫，极为卖力。诵读刚完，众人正在回味之际，座中之辜鸿铭突然应口接道："呜呼哀哉，尚飨！"顿时，满场上下，不论官员贵客还是教员学生，大笑不已。而这辜鸿铭则兀然高坐，泰然自得，仿佛没事人儿一般。梁鼎芬见自己费尽心思写成的一道颂词，竟被老朋友当众比若一篇祭文，不由气得脸色铁青，久久不发一语。只有香帅仍自坐在那里毫不变色，似未听到过一般。事后，有人问辜鸿铭何以如此恶作剧，不料他竟正色道："若今日之颂词，何异于古之祭文！故吾尝谓为'生祭文'也。"

对辜鸿铭的任气忤物，张之洞还是颇有容人之量的。

1902年，慈禧太后过生日，举国上下大搞祝寿活动。湖广总督府里也是张灯结彩，大摆宴席，"铺张扬厉，费资巨万"。张之洞还请来了各国驻汉口的领事及学界、军界的要人们，开怀畅饮，尽情消受。为了给大家助兴，席间还伴奏西乐，反复播唱新编的为太后歌功颂德的《爱国歌》。

作为陪宴人员，辜鸿铭瞅着眼前热闹而又奢华的场面，忽然间却想到了官衙外老百姓们的辛劳与悲苦。他颇有感慨地对邻座的梁鼎芬说："星海，满街都在唱爱国歌，怎么没有听到人唱爱民歌呢？"梁鼎芬知他心有不平，必有妙语，遂怂恿道："汤生兄何不试着编它一个？"辜鸿铭略一沉思，道："我已有佳句。"然后一字一句地大声念将起来："天子万年，百姓花钱；万寿无疆，百姓遭殃。"此诗一出，满座哗然。不少胆小怕事之人满腔的兴致都被罪过和紧张感冲淡，还是张香帅充耳不闻，正自津津有味品着一杯美酒。

1903 年，因清廷筹议在全国进行学制改革，管学大臣张百熙上奏慈禧，以为湖广总督张之洞素以知学著称，乃"当今第一通晓学务之人"，恳请派其入京，会商学务。于是朝廷宣调张之洞入京。辜鸿铭、梁敦彦等幕僚也一起随往。在京的几个月期间，在张之洞等人的主持下，全部学堂章程修订完毕，并于当年正式颁布施行。1903 年是癸卯年，故该章程也俗称"癸卯学制"。这是我国第一个正式颁布并在全国范围内施行的学制。

随张之洞来到北京的辜鸿铭，一方面协助张之洞会商学务，另一方面也随张之洞拜见了不少朝中权贵大僚。当时，守卫京师的是袁世凯的北洋军。袁世凯为讨好张之洞，特意派他的北洋军在张下榻的寓所周围，层层警卫，极尽殷勤之态。后来辜鸿铭在天津与袁相见，袁世凯对辜鸿铭的态度极为谦恭。因为辜一向以了解西方著称，一次闲谈时袁世凯特意请教说："汤生兄，听说你在国外多年，见多识广，但不知西洋人练兵的要旨是什么？"辜鸿铭早就想讽刺一下拥兵自重的袁氏，当即回答说："练兵的秘诀，最重要的是尊王。"袁世凯做出一副谦虚之状，说道："我曾听说汤生兄用西文写有《尊王篇》，尊王的意义，我倒很想听听。"辜鸿铭见他这一问，当下毫不客气地回答："西洋各国，凡大臣寓所，有派军队守卫的，都是出于朝廷特别的恩赏。现在香帅入都，你竟派军队替他看门，以国家的军巴结同僚。士兵们见到这种情况，就会只知有你而不知有国家，一遇效命疆场，将士各为自己的领兵统帅而战，临阵时一定彼此不相救顾。这样一来，就是步伐再齐整，号令再严明，装备再先进，器械再娴熟，也是不可能打胜仗的。因此说：练兵的秘诀，第一是尊王。"袁世凯讨个没趣，一时下不了台来。

想到袁世凯这等人物，念及国家前途，辜鸿铭常感心烦。一次，他对朋友慨然叹道："如今岂是北洋将士只知有统帅而不知有国家，那些各省大小官员，哪个不是只知有督抚而不知有国家啊。长此以往的话，我大清不必洋人前来瓜分，怕早已被自家的兵帅督抚们瓜分殆尽了。"

随张之洞进京后，辜鸿铭的好友梁敦彦因为有候补道员的品阶，荣幸地获得了帝后的一次召见，而辜鸿铭是接受西方教育后从海外回国的，没有科举功名。虽然他对朝廷赤胆忠心，但是到现在也没有一官半职，故而没有一睹天颜的资格，这让当时的辜鸿铭惆怅不已。须知，他那时已经是四十多岁的人了。

一般来说，幕僚和幕主的关系是极为密切的。幕僚追随幕主，出谋划策，处理公文及政务，乃至出生入死；幕主对幕僚必然也要有所酬谢，不但要给幕僚礼遇和厚待，对幕僚中的杰出之才往往会提携培养或荐举入仕。作为晚清名臣，张之洞手下僚客众多，而他本人也经常向朝廷荐举自己的幕僚为官。辜鸿铭虽然追随张之洞二十余年，但是作为一个生在南洋学在西洋的人，在当时所看重的门第科甲等方面都不符合要求。张之洞之所以用他，是因为他"精于别国语言，邃于西学西政"，看重的是他的学识，而不是从政的才能。辜鸿铭显然不是一个适合从政的人，就像张之洞所说，他"知经而不知权""根本不懂中国政治"，而且性格忤逆任性，易走极端，喜欢标新立异，有时甚至甘冒天下大不韪，与整个社会和时代为敌。至于办事的谨慎稳重，说话的老练圆通，都不是辜鸿铭这种不知世事的人所能做得的。后来在张之洞的推荐下，辜鸿铭到外务部任员外郎并擢至左丞（相当于现在的司级），在政治上已经算是人尽其才，才尽其用了。

传统文化的传播者

辜鸿铭一生的最大贡献还是在思想文化和学术上，特别是在沟通中西文化、使国学走向世界方面。可以说，辜鸿铭为近代的中西文化交流，作出了特殊贡献。

在近代中西文化交流史上，严复、林纾、辜鸿铭、陈季同、林语堂是五位最重要的人物，这是学界的共识。五个人中，严复、林纾是"西学东渐"的代表，辜鸿铭、陈季同、林语堂则是致力于"中学西传"的最有成就的人物。

辜鸿铭从事文化输出工作，主要是出于对中国传统文化的信仰，但首先却是不满西方汉学的结果。早年在香港学习期间，国学水平还很低的辜鸿铭，就撰写了平生第一篇论文《中国学》，对西方汉学片面曲解和轻蔑中国传统文化的做法提出抗议，显示出一个文化民族主义者的鲜明立场与独特情怀。

对西方汉学这一向西方传播中国文明的途径的不信任态度，促使辜鸿铭在19世纪末和20世纪初期，以其惊人的语言才能翻译了不少儒家经典，并使其走向世界，让西方人了解进而尊重中国文化。此外，他还从事过一些中英诗歌互译的早期工作。

辜氏翻译出版的第一本儒家经典，是号称"中国人的圣经"的《论语》，他译作《孔子的讲学和格言》。该书问世恰值戊戌维新运动旋生旋灭的1898年。正是在这一年，他的同乡严复翻译的《天演论》出版，并在国内赢得了巨大的声誉，成为推动戊戌维新思潮趋向高涨的理论根源。相比之下，辜氏的译作当时在国内不免知者寥寥，显得有些默默无闻。

辜氏推出的第二种儒经译著是《中庸》，他译为《人生准则和宇宙秩序》。出版时间是1906年。此外，他所翻译过的儒家经籍还有《大学》。不过，有研究辜鸿铭的学者认为，辜鸿铭的《大学》译本似乎只是一个打印本，没有正式出版。

关于辜鸿铭究竟翻译过哪些儒家经典的问题，以往曾有过各种各样的说法，如有人就说他翻译过《易经》《孝经》《诗经》《孟子》等等。其实这些大多是误传。辜鸿铭的确翻译过这些经典的某些内容，有的蕴含在他自己的英文著作中，有的发表在当时的各种外文报刊上，但可以肯定的是，他没有完整地翻译过上述这些经书。他真正完整翻译过的只有《论语》《中庸》和《大学》三部经典，而公开和正式出版的则恐怕只有前两部。

那么，辜鸿铭为什么要向西方翻译《论语》《中庸》等儒家经典呢？众所周知，四书五经是儒家的最具代表性的经典书籍，对中国文化和民族精神的影响是极其巨大的。近代翻译儒家经典最出名的西方人要数理雅各。理雅各是有名的汉学家，汉语造诣很高。他曾把中国"十三经"中的十部经书译成英文，统称为《中国经典》，在西方享有很高的声誉，到现在，仍被许多西方人视为标准译本。但由于中英两国在语言、文化、思维方式等方面的巨大差异，理雅各的翻译虽较之以前的译著相对准确，仍不免有误解曲解、死译硬译、断章取义的现象。辜鸿铭认为这种翻译歪曲了儒家经典的原义，导致了西方人对中国人和中国文明产生种种偏见。为了消除这些偏见，他决定自己翻译儒家经典。当然，辜鸿铭意图不仅局限于此，他还要向西方展示中国文明的真相及其价值，以求得西人对中华民族及其传统文明的理解和尊重。在《论语》译序中，辜鸿铭明确表达了这样一个愿望："有教养有头脑的英国人，但愿在耐心读过我们这本译著后，能导致其对中国固有的成见进行反思，不仅修正谬见，而且改变其对中国无论是私人交往还是国际关系的态度。"在《中庸》译序中，他又写道："如果这本出自中国古人智慧的小书，能有助于欧美人民，特别是那些正在中国的欧美人更好地理解'道'，形成一种较清晰较深刻的道德责任感，以便使他们在对待中国及其人民时，能够抛弃欧洲那种'枪炮'和'暴力'文明的精神和态度，代之以道……那么我将感到多年理解和翻译此书所花费的劳动没有白费。"

翻译之难，中外皆同。严复曾以"信、达、雅"为翻译的标准。"信"即准确无误，忠实于原著；"达"即语意通达，流畅无碍；"雅"则是更高一层的要求，要求风格与原作相同，不见传译痕迹。此三点做到一点已属不易，同时兼具者则是少而又少。

辜鸿铭的儒经翻译别具特色。一个最为明显的特点是，不拘泥于一字一词的死抠，而是采用"灵活对等"的意译法，追求"辞气相副"。在《论语》译序中，他公开声称其译文是"努力按照一个有教养的英国人表达同样思想的方式，来翻译孔子和他弟子的谈话"。在《中庸》译序中，他又明确表示，他的翻译目标是"彻底掌握其中意义，不仅译出原作的文字，而且再现出原作的风格。"所以其译本注重经文的整体把握和大义的贯通，尤其注重传达经文的辞气，所以内容比较准确。比如《论语·为政》中孔子说："吾十五而有志于学，三十而立，四十而不惑，五十而知天命，六十而耳顺，七十而从心所欲，不逾矩。"辜鸿铭的译文是：Confucius remarked, "At fifteen I had made up my mind to give myself up to serious studies. At thirty I had formed my opinions and judgment. At forty I had no more doubt. At fifty I understood the truth in religion. At sixty I could understand whatever I heard without exertion. At seventy I could fallow whatever my heart desired without transgressing the law." 较之以前的译文，对孔子思想的整体理解与阐释都更加的准确，这是需要译者有足够的知识和理解力的。如孔子所说的"志于学"，不仅是学习知识，更含有上进谨慎的态度。理雅各的译文是"I had my mind bent on learning"，就没有辜氏的译文更能传达孔子的语义。"三十而立"，也不是简单地站稳立场、树立观念，辜鸿铭译为"形成自己的观念和判断力"，深得其中之味。"天命"一词，理雅各译为"decrees of Heaven"，苏慧廉译为"the law of Heaven"，庞德译为"the order of Heaven"，都与上帝有关。而辜鸿铭译为"the truth in religion"，有更深刻的道理，因为这个词不仅仅是上天的旨意或律令，更含有一种非人力的或不可知的事实的意思。

除了更加深得儒经原意之外，辜鸿铭译文在语言上整齐而富有变化，语句流畅自然，在一定程度上实现了他自己展示儒经文学价值的目标，这也是理雅各等人所不能比的。这一点要归功于他天才的语言才能。辜鸿铭除了母语汉语和马来语外，还通晓英、德、法、意、日语和拉丁、希腊两门古语，所通外语不仅广博，英、德、法三语还十分精湛，其中最为精绝的又是英语。孙中山先生认为近代中国有"三个半"英语人才，其一是辜鸿铭，其二是伍朝枢，其三是陈友仁，都是负有盛名的翻译家或外交家，还有半个他没明说，辜鸿铭被誉为第一。林语堂也认为辜鸿铭的英文具有维多利亚时期的风格，没有哪个中国人的英文水准可与辜鸿铭比肩，他的"英文文字超越出众，两百年来，未见其右，造词用字，皆属上乘"。就是西方汉学家谈到辜鸿铭时，也一致公推他的英文水平。正是这种精深的英文造诣，使得辜鸿铭在翻译之时如鱼得水，把艰深晦涩的中国文言文译成典雅、畅朗和流利的英文，为西方人展示了儒家经典的美妙。

当然，意译法的采用和"辞气相副"的追求，也使得辜鸿铭的译经在个别字词的翻译上不够直接和精确。而且有时辜鸿铭过分意译，对于某些句子和段落的处理也显得过于随意，甚至在把握大意的前提下，随意进行原文内容的增减。比如，他的译文中有一些超出了原文的内容，有时又将大量中国的人名、地名删掉。在《论语》中，他就只保留了颜回和仲由的名字，而孔子的其他弟子则直接翻译为"孔子的一个弟子"或"另一个弟子"。这个问题的出现，主要是辜氏译经的第二个特点导致的。

辜鸿铭翻译儒家书籍的另外一个重要特点，就是积极为西方读者，尤其是为一般不熟悉中国文化的读者着想，寻求他们对儒家经文的理解乃至对儒经经义的认同。大量删减《论语》中出现的中国人名、地名就是出于这种考虑。此外，他还经常引用西方著名作家和思想家，如歌德、卡莱尔、爱默生、莎士比亚等人的话来注释有关经文。他的《论语》译本的一个引人注目的副标题就是"一本引用歌德和其他西方作家的话来注解的新的特别翻译"。辜氏还常常在注释中将书中出现的中国人物、中国朝代与西方历史上具有相似特点的人物和时间段作横向比较。如将颜回比作圣·约翰，子路比作圣·彼得，尧比作亚伯拉罕等。对于夏朝这样一个时间概念，辜氏作了这样的比拟：夏朝之于孔子时代的人就如希腊历史之于现代欧洲人。这在儒经注释史上，无疑属于一项前无古人的开拓性事业。这样的做法并不至于伤害儒经的原意，而且在中西文化隔膜比较深的情况下，对于那些对中国文化知之甚少的西方人能更好地把握儒家经典的内容无疑是很有意义的。

对于辜氏的译经，曾有过两种截然相反的评价：一种是赞美推崇，一种是否定批评。持前一种观点的以林语堂为代表。

林语堂在《八十老翁心中的辜鸿铭》中这样评价道："他了不起的功绩是翻译了儒家《四书》的三部，不只是忠实的翻译，而且是一种创造性的翻译，一种深邃了然的哲学的注入古代经典的光芒。他事实上扮演东方观念与西方观念的电镀匠。他的《孔子的言论》，饰以歌德、席勒、罗斯金及朱贝尔的有启发性的妙语。有关儒家书籍的翻译，得力于他对原作的深切了解。"持否定态度的则以王国维为代表。王国维曾认真研读过辜氏翻译的《中庸》，并著《辜汤生英译〈中庸〉后》一文指陈其中大小弊病若干条，认为辜氏的翻译尝试乃一大失败，特别是"以西洋哲学解释古书"以及未能恰如其分地用英语表达一些哲学术语，虽然他也承认，因为中西文化的巨大差别，要做到这些是很难的。

辜鸿铭的儒家经书译本在西方世界的影响是很大的。刘成禹说他的《论语》译本"泰西购者近百万部"，不太喜欢辜氏的庄士敦也承认他的《论语》译本很有特色且"流传很广"。辜氏的《中庸》译本曾被英国著名的"东方智慧丛书"重印过数次，在西方学术思想界产生了广泛持久的影响。林语堂在20世纪40年代译的《中庸》也径直采用了辜氏的译本，只是略微作了点改动，这是他唯一挪用他人的现成翻译。实际上，《中庸》有影响的英译，到目前为止，也只有辜鸿铭和理雅各译的两种而已。

当然，辜鸿铭译经影响较大，与他清末民初鼓吹儒家文化的其他西文著述也有某种关联。他用英文所写的很多文章都流行一时。

辜鸿铭的汉诗水平是公认的非常一般的，但他却非常喜欢中国的诗歌，并很愿意让西方人也领略中国诗的高超和美妙。

在辜鸿铭之前，英国汉学家德庇时、翟理斯等人已经将中国诗歌译介到西方。陈季同、苏曼殊等少数几个中国人也是致力于此并具有一定影响者。

辜鸿铭没有出版过汉诗英译的专集。他英译的汉诗主要包含在他的英文著作中，有的则零星发表在当时的各种英文报刊上。在《春秋大义》一书中，他曾专门译过唐朝诗人陈陶的《陇西行》、杜甫的叙事长诗《赠卫八处士》和朱庆余的《待晓》等诗。不少学者认为他的译文是相当不错的，但他自己却很不满意。在译完其中一首诗后，辜鸿铭特意交代说："我承认我的译文几乎是拙劣的，它仅仅是译出了大意而已。其原作绝不至如此糟糕。该诗那接近口语的简朴，带给我一种无法言传的优雅、庄重、悲哀和高洁。而这一切，要是用英语表达在同样简朴的语言中，恐怕也是不可能的。"

辜鸿铭曾经翻译过我国古代第一部诗歌总集《诗经》。梁实秋在《辜鸿铭先生轶事》中记述道："先生好选《诗经》中成句，译英文诗，虽未能天衣无缝，亦颇极传神之妙，惜以古衣冠加于无色民族之身上耳。先生以'情'译 Poetry，以'理'译 Philoeophy，以'事'译 History，以'物'译 Scienoe，以'阴阳'译 Physis，以'五行'译 Chemistry，以'洪福'译 Juno，以'清福'译 Minerva，以'艳福'译 Venus，于此可见其融合中外之精神。"

《扬子江流域》一书的作者白特夫人，曾对辜氏的英文诗大加赞赏。辜去世后，她这样写道："辜鸿铭死了，能写中国诗的欧洲人却还没有出生！"

辜鸿铭也偶尔译点英诗。最著名的是在他 20 世纪初于商务印书馆出版的一本英译汉的小册子——《痴汉骑马歌》。该诗是英国 18 世纪诗人科柏的一首幽默叙事长诗《布贩约翰·基尔宾的趣事》。全诗诙谐生动，辜氏用五言古体译过来，一点不失原作的幽默韵味。如第一段：

John Gilpin was a citizen	昔有富家翁
of credit and renown,	饶财且有名
A train—band captain eke was he	身为团练长
of famous London town	家居伦敦城

第二十三段：

So stooping down. as need，he must	马上坐不稳
Who cannot sit upright，	腰折未敢直
He grasped the plane with both his hand	两手握长鬃
And eke with all his might	用尽平生力

近代翻译家对此诗倾倒不已，认为："辜氏用五古体译此诗，把诗人的风趣和诗中主角布贩子的天真烂漫，特别是他那股痴呆味儿都译出了，读来十分亲切。"学者王森然先生看过此译诗后，也爱不释手，他认为像这样的诗作"即在中国古诗中，亦属少见"。苏曼殊一向自视甚高，对翻译大家严复、林纾均颇不以为意，唯独对辜鸿铭的译才另眼相看。他说："甚矣译事之难也。前见辜氏《痴汉骑马歌》，可谓辞气相副。"在英译汉的领域里，辜鸿铭译诗极少，但一出手便有惊人之处。可惜由于思想限制和兴趣的关系，辜鸿铭未能充分利用他的译才为国人输入更多的西方文化的成果，这不能不说是个遗憾。

在清末，向西方翻译介绍中国文化的，以辜鸿铭用力最勤，对西方影响也最大。翻译家严复、林纾是把西方文化引入中国；而辜鸿铭恰恰相反，把儒家经典介绍到国外。但遗憾的是，人们大多只知道严复、林纾，却很少有人知道辜鸿铭的翻译。辜鸿铭死后，文化巨擘吴宓在《悼辜鸿铭先生》中赞曰："辜氏实中国文化之代表，而中国在世界唯一之宣传员也。"此言不虚。

第 3 章

仕在北洋之京都北京

一、垂死王朝的外务部郎

总办任上惩洋人

如前文所述，辜鸿铭一生的成就主要在思想文化和学术上。在政治上，他一生都没有什么大的建树。1904 年，张之洞完成了"癸卯学制"的制定离开北京。在随张之洞回到武汉后，辜鸿铭也在仕途上出现了转机。

回到武汉之初，张之洞就听到上海各国领事准备开办浚治黄浦江的事宜。原来，1901 的《辛丑条约》附件中有一条款规定，清政府要在上海道下设立黄浦河道局，对黄浦江进行大规模的整治，以保各国在上海的通商利益。但是，当时条约及其附件的规定极为苛刻：经费双方平摊，该局主要之员却多是外国人。当时湖广总督张之洞、两江总督刘坤一等一帮封疆大吏就认为此事有碍主权，宜商改条款。外务部也奏请疏浚工程由中国自办。后来几经磋商，1905 年清政府与各国重新改定修治黄浦河道条款，规定疏浚工程由中国自办，经费全部由中国承担，但重要事务须与各国协商。在张之洞等人的举荐下，上海道聘任辜鸿铭担任该局总办，办公地点设在上海九江路东口。

黄浦河道局直接隶属于上海道，其实是临时性质的工程局。因为辜鸿铭精于西洋语言，了解西方政俗，又善与洋人交涉，所以才被上海道聘请担任此职。在常人眼里这可是个肥缺——责任不大，薪俸可是月薪八百两啊！

上任之后，一天，河道局的财务主管把账簿呈交给辜鸿铭查看。辜鸿铭一页页详细过目后，发现两个洋员的名下，有许多冒领的款子，总共竟有十六万多两白银，于是询问财务主管："这是怎么回事？"财务主管赶忙答道："辜大人，小人只是奉命度支。至于经费如何开销，小人实在无权过问啊！"辜鸿铭问："你觉得当如何处置二人？""依小人之见，这洋人的事，最好大事化小，小事化了。不知道辜大人有何主意？"辜鸿铭一听，气不打一处来，破口大骂："他妈的这些洋鬼子欺人太甚，以为我中国的钱要吃就吃，简直不把中国人放在眼里。我不重重治他二人，这总办还如何做得下去。"随即命人前去把两位洋人叫来。这两位洋人来到辜鸿铭办公室，只见辜鸿铭拿着账簿，满脸怒容。两人知道东窗事发，便试探着问："总办大人找我二人，不知何事？"辜鸿铭把账簿向二人头上砸去，喝道："王八蛋，吃了就快跑，居然还敢来见我，看看你们做的狗屁好事。从今天起，你们二人不得外出，听候发落。"

后来，各国领事亲自出面力保这两位洋人。按黄浦河道局章程规定，凡局中重大问题，中方均需与各国驻沪领事协商解决。辜鸿铭坚决主张严惩，而各国领事想方设法为两人开脱，主张不予追究。双方争执，相持不下。忽有一领事开口说："辜先生，我们都不是工程学方面的专家，这件事情，恐怕要请专家来核实确认一下方能成立。"谁知辜鸿铭早有准备，拿出一张纸来说：“先生们，这是本人早年在德国莱比锡大学获的工程师文凭。请你们检查一下，看看是不是真的。”诸领事一下子全愣住了，面面相觑，说不出话来。最后，此案只好上呈两江总督裁决。结果这位总督“惮于交涉”，将案子搁置起来，不予追究。辜鸿铭意气不平，又将事情原委写成文章，投到上海《字林西报》。不料这家本来和他关系不错的报社不愿惹是生非，不用其稿。辜鸿铭又将稿子投到《捷报》，原文照登，这才算多少出了一口恶气。

又有一次，一艘德国轮船在江阴附近水面上撞沉了一条中国货船，受到财产损失的中国船主依法告到官府，要求向德国轮船索取应有的赔偿。两江总督觉得这个案子显然是德国轮船的责任，命令辜鸿铭为代表，直接与上海的德国领事协商处理此事。但德国方面百般抵赖，双方意见分歧，相持不下。为此，辜鸿铭打算聘请律师，诉诸法律，一定要为中国船员讨回公道。德国人见辜鸿铭要来真的，态度也就软了下来。后来在其他方面的劝解下，辜鸿铭放弃起诉而是用第三方主持公断的方式，比较合理地解决了这起沉船案件。在辜鸿铭不厌其烦地交涉和主持下，最后，中国船民终于得到了应有的赔偿。在当时官场上畏洋如虎的习气下，辜鸿铭还是用他手里那一点点实权，坚决维护了中国的利益和中国人的合法权益。

上海滩上交游各方

辜鸿铭担任黄浦河道局总办一职，前后约三年时间。以他的职志及性格，对这个偏于技术型的位子兴趣是不大的。但是此职任务轻松，薪俸优厚，辜鸿铭倒也过得畅快闲适。上海是十里洋场，各国人士群集。除了因公要打交道的各国领事外，一些慕其大名的洋人也时常到辜鸿铭府上造访或邀请他赴宴聚会。一次，一个西方友人邀请他到家中赴宴。因为客人中只有他一个中国人，所以大家公推他坐首席。坐下后，一班人兴致勃勃地聊了起来。聊着聊着话题转到了中西文化上来，主人问辜鸿铭："孔子之教有何好处？请辜先生指教！"辜鸿铭回答说："刚才大家彼此推让，都不肯坐首席，这就是孔子之教。如果今天实行的是争竞之教，大家你争我夺一番，必须等到优胜劣败了之后再动筷子，恐怕这顿美餐到现在也吃不上啊。"座中客人无不大笑。

辜鸿铭还和早已解职流寓上海的赵凤昌颇多交游。据后者《国学辜汤生传》记载，辜鸿铭曾带他去拜访在香港居住时认识的德国传教士花之安，和中国海关总税务司赫德手下的一个英国人大谈音韵学，到《字林西报》主笔那里访问，甚至还受德国亲王亨利之托接待了来华游历的德皇子。特别是对最后这件事，赵凤昌记载得比较详细。当时辜鸿铭收到德国亨利亲王的来信，请辜鸿铭接待一下来华游历的儿子："从子年幼，多所未谙，观光上国，恳赐教诲，愿以子侄视之。"辜鸿铭接到信后找赵凤昌商议接待之策，赵凤昌以为此事宜上报朝廷，让朝廷派人接待，这样才符合两国情谊。辜鸿铭却不愿把事情报到朝廷去，只是想借用赵凤昌的私人府第来接待德皇子。后来赵凤昌又想到当年辜鸿铭在武汉折服俄国皇储和希腊皇世子之事，对这些西方王公贵族们对辜鸿铭的敬意大为不解。辜鸿铭告诉他："这些贵人，都是不知学问的。我以西方学者的态度对付他们，他们那种贵族的傲气就被压下去了。"辜鸿铭在当时西方人乃至西方贵族中的声望，于此可见一斑。

在上海期间，辜鸿铭还和盛宣怀有过几次交往。盛宣怀游刃于政治、经济界，大发国财，是清末著名的官僚买办。辜鸿铭的幕主张之洞颇有倚仗盛宣怀之处，辜鸿铭本人与盛宣怀也算是旧相识。对辜鸿铭，盛宣怀还是有些佩服的，而辜鸿铭对盛宣怀的投机钻营、搜刮钱财却大为不满。

有一次，辜鸿铭见报上纷纷报道盛宣怀被任命为度支部侍郎，即前往盛宣怀府上道贺。两人坐定后，盛宣怀告诉他，出任度支部侍郎纯属谣言，并无其事。然后两人便天南海北地聊开了。辜鸿铭说："杏荪兄，度支部的成立对当前的国家财政来说非常关键。在你看来，除了你还有谁能胜任呢？"盛宣怀谦谦自抑，笑着说："汤生兄太看得起我盛某了，论理财我不如张香帅。"辜鸿铭摇头道："不然，不然，张宫保实在不及盛宫保多了！"盛宣怀一听，觉得非常受用，但却故作吃惊，问："何以见得？"辜鸿铭说："这个只要看看您和张宫保幕下属吏的情况就明白了。张宫保的僚属，一个一个都是劳劳碌碌，手头却很拮据；但是盛宫保您的下属，就是一位小翻译，也都家财万贯、富甲一方。所以我说张宫保理财实不如盛宫保多多呢！"盛宣怀干笑两声，把话题扯开了去。

又有一次，辜鸿铭见到盛宣怀。盛氏听说他翻译的《中庸》一书已经出版，讨好式地向他索要："《中庸》一书乃是大经济之书，先生能否检送一本，好让子弟们好好研读研读啊。"辜鸿铭对这位盛宫保又起了讥嘲之念，说道："可以可以。不过，宫保您可知道《中庸》一书的要旨在哪一句呀？""那依你之见呢？""我看应该是那句'贱货贵德'。"这一次盛宣怀脸上有点挂不住了，但也只好"王顾左右而言他"。

在沪上，辜鸿铭还非常巧合地碰到了自己的马来亚槟榔屿同乡——伍连德。伍连德是我国近现代著名的公共卫生学家，我国检疫、防疫事业的先驱。他也是华侨家庭出身，而且出生地就是马来亚的槟榔屿，但比辜鸿铭小二十多岁。在《马来同乡辜鸿铭》一文中，伍连德回忆说："我认识'老辜'时……

他正担任黄浦浚治局督办，那是个有利可图的差事，总部设在上海。他时常唱马来歌给我听，表示他还记得童年时代。作为一个南方中国人，他的个子算是相当高的，嘴上留着两撇向下垂的胡子，每次喝汤总是受到妨碍。"在伍连德眼里，那时的辜鸿铭，生活是非常惬意的。

评议日俄与立宪

辜鸿铭在上海逍遥自在的这段日子前后，整个中国并不平静。1904 至 1905 年，日俄战争爆发。这场战事进行得相当激烈。东北人民蒙受极大的灾难，生命财产遭到空前的浩劫。但是，作为战争当事方和受害国的清政府，在两国的压力之下却宣布局外中立，还划出了一块区域专供两国交战，实在是屈辱无能之极。一年多的日俄战争最后以日本人的胜利告终。通过战后的《朴茨茅斯条约》，日本人从俄国人手中获得了中国东北南部的权利，可谓名利双收。

辜鸿铭一直注视着日俄战争的进程，并且在日本横滨的《日本邮报》上发表了一系列文章，抒发自己对这场战争的看法。战争结束后，1906 年初，辜鸿铭把这些文章结集为《日俄战争的道德原因》一书，对此次战争做一反思，并在上海墨丘利出版有限公司出版了单行本。

《日俄战争的道德原因》一书的中心，是站在东方文化的立场上，袒护日本，对俄国和欧洲进行抨击。在辜鸿铭看来，日俄战争是西方人对亚洲进行了种族主义的侮慢后，一场重新赢得欧洲人对亚洲文明尊重的战争，是一场圣战，东方人对西方人的胜利。更重要的是，从日本人的胜利中，辜鸿铭为自己找到了一个寄托：中国文化不是没有希望和令人沮丧的，因为日本就是"真正原出的中国文明——真正的儒家文明"的守护者。辜鸿铭这种抛开本国的民族政治不谈，而是从东西文化冲突的角度支持日本并谴责俄国的做法，受到了日本人的欢迎。但是，这场战争给当时国人的感觉则是：日俄战争是"立宪国（日本）战胜专制国（俄国）的铁证"，它表明"专制之政，不足复存于天下"。受立宪国日本战争胜利的影响，中国国内要求实行立宪的呼声变得更加强烈。梁启超等原来的维新人士、部分海外留学生和国内的先进分子都将立宪视为救国方案之一，大力呼吁。君主立宪成为一种社会思潮在中国迅猛兴起。在这种压力之下，1905 年，清政府派端方等五大臣分赴欧美和日本考察各国政治。五大臣回国后，力陈实行君主立宪的种种好处，特别是有"皇位永固""外患渐轻""内乱可弭"三大功效。于是，1906 年 9 月，清政府下诏，正式宣布"预备仿行立宪"。

身居上海的辜鸿铭，对五大臣出洋考察和预备立宪颇有非议。一次他与一位华侨谈起此事时说："你以为当今中国派人出洋考察，如何？"那人答道："当年，新加坡流传着这样一个故事。有一位土财主，家资巨万，年老无子，膝下只有一女。女儿到了谈婚论嫁的年龄后，财主就考虑招个女婿入赘，当半个儿子来继承自己家业。财主自己目不识丁，就想找个读书人。正巧有个福建人，年少美貌，因为家里穷，前往新加坡谋生，借住在一个同乡家中。土财主常到那家走动，每次都见那少年认真看书，觉得此人很可以作他女婿，因此托媒人前往撮合。那少年欣然答应，很快成婚，成了土财主府上的娇客。过了几日，财主把少年叫到跟前，吩咐说：'现在，我家的一切账目全归你管理，就不用请账房先生了。'结果那少年羞愧不已，良久才回答说：'我不识字。'土财主很惊讶，说：'当初我怎么见你手不离书、终日钻研呢？'那少年答说：'我不是看书，而是看书中的画罢了。'" 辜鸿铭一听，大笑说："妙喻，妙喻。当今中国派人出洋考察宪政，正是出去看洋画而已。"

本来辜鸿铭就对清末新政颇不以为然，如今朝廷要仿行的立宪政体，在辜鸿铭看来其实根本是西洋的"乱政"。特别是新政以来，在中央，大臣们的新旧之争更加激烈；在地方，由于新政扰民伤财，各地民变四起。这种状况让辜鸿铭非常忧心，在一篇文章中，他曾不无悲哀地说："可惜的是，我本人无能为力，更不可能阻止这些进步官员到欧美去学习宪政，也不可能迫使他们待在家里好好地研究孔子。因为，只有当这些官员们真正领会了孔子的教义和方法，并注意如何取代这种改革的东西时，在中国才不会出现日前新政所导致的混乱、灾难和痛苦。"有人曾当面诘难辜鸿铭说："您所发的种种议论，都是出于'王道'的。但是'王道'在今日之中国已经很难行得通，这一点您不会不知道吧？"辜鸿铭马上反驳道："在我看来，天下之道只有两种，要么是'王道'，要么就是王八蛋之道！孟子曰：'道二，仁与不仁而已矣'，不就是这个意思吗？"令对方哭笑不得。

入京做外务部郎

就在辜鸿铭反对当时的立宪运动，每每议论迂阔、言必称孔孟的时候，他的老幕主张之洞，则又一次站在了时代的风口浪尖上。1907 年 9 月，朝廷召张之洞入京。此后，他先后被朝廷授予协办大学士、大学士，后又担任体仁阁大学士之职。随后，张之洞又被补授军机大臣。由此，张之洞正式跻身晚清廷臣之首席。

和张之洞一起调任军机大臣的还有直隶总督兼北洋大臣袁世凯。袁世凯在新政开始后，大力揽权任事，不仅牢牢控制北洋军，而且兼任督办电政大臣、督办铁路大臣及会议商约大臣等要职。他"内结亲贵，外树党援"，处心积虑扩张权势，很快形成了庞大的北洋军事政治集团。北洋集团势力的扩张对中央形成严重威胁，所以 1907 年朝廷降旨将袁世凯调离北洋，入京担任军机大臣兼任外务部尚书。袁张二人虽有矛盾，但同持新政态度，又都受满洲亲贵疑忌，故彼此援引，深相结纳。

张之洞入京之际，辜鸿铭浚治黄浦江的工程也基本完结，无事可办，于是赶来追随老幕主。不久，在张之洞的推荐下，辜鸿铭和梁鼎芬都进入了外务部。梁鼎芬担任外务部右侍郎，相当于现在的第一副部长，而辜鸿铭因为没有功名，故而只是担任外务部员外郎之职。辜鸿铭这次入都，乃举家迁来。像老幕主张之洞一样，这一次他是决心在北京扎下根来，"亲炙帝都事君王"的。这一年，辜鸿铭五十岁。

1908 年，辜鸿铭通过别人代奏，给光绪皇帝上了一封奏折。在奏折中，辜鸿铭首先对当时很多人所持的"不变通旧制，则无以立国"的主张表示反对。他认为当时中国真正的危机，并非外患而为内祸。这种内祸，就是制度更易导致的纲纪损坏，所谓"政之所以不平者非患无新法而患不守旧法耳"。辜鸿铭批评当下"朝野皆倡言行西法与新政，举国若狂"的现象，认为这纯粹是"不知西洋乱政所由来，徒其奢靡"。他特别提及自己早年游历欧洲的经历，并列举他眼中西洋各国的一系列弊政，比如富人把持政治、民间舆论混乱、警察把百姓当成匪徒来对待、律师玩弄刀笔等等，认为西法实在不足仿效。在他看来，即使是西方的电报、轮船、铁路等有利于国计民生的事物，虽然时至今日已经不得不渐行仿办，但是也须严格限定，既要防止官员从中渔利，更要防止加重百姓负担。在指出不守旧法的弊害后，辜鸿铭又提出了当下的解救之方——"申明成宪"。他主张朝廷应该下旨晓谕地方，在内政方面"不准轻改旧章，创行西法新政"，已经办理的新政措施则能停即停，不能停止者也不许扩充。而新法的制定，也要"据实厘定，务使简明宜行"，然后才能颁行天下。至于办理外务方面，辜鸿铭认为，必须先统筹全局，且力言"修邦交"重于"讲武备"，这样才能专心治理内政，内政安定之后则不怕外患不除。此外，他认为办理外事关键在于用人，对某些大臣拥兵自重、结党营私的行为进行批评，这实际是在暗讽当时的袁世凯等人。

这份奏疏，是辜鸿铭第一次、也是平生唯一的应诏条陈国事，备述自己政治主张的重要文字。辜鸿铭的好友、同为政治和文化保守主义者的罗振玉对这个奏疏极为推许，赞其为"天下之至文，沉病之药石"。辜鸿铭对这份奏折也非常看重，在1922年编选《读易草堂文集》时，他将其命名为《上德宗景皇帝条陈时事书》，并把它置于文集篇首的位置。

但是，辜鸿铭这份不合时宜的上书最后还是如泥牛入海，根本没有得到任何回应。更让他无法预知的是，他所上书进言的光绪皇帝就在当年的11月，与慈禧太后相隔一日也去世了。

这时的张之洞，已经患上了严重的肝病，医治无效后仍在勉强办公。不久，晚清一代名臣张之洞离开了人世。

痛悼香帅与清流

张之洞死后，辜鸿铭哀伤不已。为感念故主，辜鸿铭于1910年同时完成两部书，一是年初出版的英文著作《中国牛津运动的故事》，一是年底出版的中文著作《张文襄幕府纪闻》，以追怀辅助二十余年的张之洞。

在《张文襄幕府纪闻》一书中，辜鸿铭对晚清的时局抒发己见，同时对其穷居幕府二十余年看到的世间百象，大加挞伐，以其愤世嫉俗之笔，伤时忧国，嬉笑怒骂，皆成文章。全书思想之犀利，语言之尖刻，非一般掌故著作可比。

二十多年的相随共事，对于张之洞，辜鸿铭更多的是感激与怀念。在他的另一本书《中国牛津运动的故事》的结尾处，我们可以读到他对张之洞发自内心的真挚情感："的确，要说起来，如果不是这本牛津运动故事中所提到的那位名人（引按，指张之洞）给予我二十年的庇护，我这条命恐怕早就丢了。……在我结束这篇故事之时，我愿公开在这里表达我对已故帝国总督张之洞的感激之情，感谢他二十多年来给予我的保护。有了这种保护，我不至于在冷酷自私的中国上流社会，降低自我去维持一种不稳定的生活。

"此外，尽管我时常固执任性，他却始终报以宽容，很善意和礼貌地待我。而且我还荣幸地学会了作为一个新兵，在他的领导下去为中国的文明事业而战。他是中国牛津运动中最优秀的和最有代表性的人物，也是最后一位伟大的文人学士。"

在书中，辜鸿铭品评他的幕主张之洞，以及曾国藩、李鸿章等人。当时曾、李、张三人均已谢世，朝廷分别谥以"文正""文忠"和"文襄"之号。按照惯例，谥号其实就是朝廷对大臣身后的盖棺定论。与朝廷的谥评相比，辜鸿铭的品评更为直白，而且从他对曾、李、张等人的评论中，我们颇能看出他本人的政治、文化立场和思想倾向。

辜鸿铭把张之洞称为"儒臣"，把曾国藩称为"大臣"。他进一步解释了二者的区别："三公论道，此儒臣事也；计天下之安危，论行政之得失，此大臣事也。国无大臣则无政，国无儒臣则无教。政之有无，关国家之兴亡；教之有无，关人类之存灭；且无教之政，终必至于无政也。"可见，他对张之洞注重儒学教化和文教事业这一点是极为推重的。

在辜鸿铭看来，曾国藩是"大臣"而不是"儒臣"，是因为他在办洋务时"仅计及于政，而未计及于教"，这是曾国藩的浅陋之处。他拿与曾同一时代的大臣文祥作比较，认为曾国藩办洋务以抵御外侮的努力，只注重引进西方的枪炮舰船技术，其实学来的只是西方的皮毛而已，对于西方的学术制度文物，却从来不过问；而文祥却懂得开办京师同文馆，培养洋务人才，以了解西方的语言学术和制度，见识要远远超过曾国藩。这正是熟悉西方的他大笑曾氏之"陋"的原因。

当然，对于曾国藩一生的功业，特别是他那种"常人不可及的地方"的大臣风度，辜鸿铭还是非常欣赏和钦佩的。辜鸿铭说，当年太平天国之乱刚刚平定的时候，曾国藩兵权在握，天下豪杰之士半属门下，其部属与昆弟之辈，也都是一方枭雄。这些人居功自傲，不满朝廷的褒奖封赏，怨言不绝。在这种情形下，如果曾文正对朝廷稍起猜忌之心，微萌不臣之念，以他的兵权和权势，割据称王易如反掌，那么天下大乱的程度恐怕要比三国时还要可怕。如果天下真乱起来，那些守在中国国门虎视眈眈的列强们会袖手旁观、无动于衷吗？到那时，另一场五胡乱华的惨祸将为中国带来更残酷的浩劫。所以辜鸿铭感叹道："微曾文正，吾其剪发短衣矣！"在辜鸿铭的一生中，除了张之洞之外，难得对人有如此高的评价。

至于曾国藩的接班人李鸿章，辜鸿铭就不大客气了。他认为曾国藩才是洋务运动的擘划者和精神领袖，李鸿章只不过是他的忠实执行者和继承人而已，正如西汉"萧规曹随"一般。如果说曾国藩的"陋"在于"仅计及于政，而未计及于教"的话，那么李鸿章的"病"就更大了——其"更不知有所谓教者……一切行政用人，但论功利而不论气节，但论才能而不论人品"，使得天下风化大坏。正因为如此，"又何怪甲午一役大局决裂，乃至于不可收拾哉？"

但是辜鸿铭却把同样热衷洋务运动的张之洞和曾国藩、李鸿章诸人分开来看，认为"文襄之效西法，非慕欧化也；文襄之图富强，志不在富强也。盖欲借富强以保中国，保中国即所以保名教。吾谓文襄为儒臣者为此"。按他的分析，张之洞借用西法谋求中国富强，只是把它作为保中国保名教的手段而已，这是契合辜鸿铭的精神关怀的。正因为这样，他一再称颂张之洞是一位伟人，一位目光远大的政治家，把儒臣的桂冠戴在张的头上。但是另一方面，张之洞毕竟和曾国藩、李鸿章一样，也是洋务派的领袖。虽然辜鸿铭深知府主借洋务保全名教的苦心，但是对其所施用的手段，却认为并不可取。

在一篇小文中，辜鸿铭对曾国藩、张之洞等人推行的洋务运动和清末新政进行了讥诮和讽刺。他巧妙地比喻说："中国自咸丰同治以来，迭经扰乱，对内无能，对外虚张声势，好像一个百病丛生的躯体，究竟如何治疗几难着手。当时碰到了一位湘乡姓曾的时髦郎中（指曾国藩），开了一贴名叫'洋务清火汤'的良方，服了几剂，觉得没有什么功效。到了甲午年，病症忽然大变。另有一个南皮人姓张的医生来了（指张之洞），诊断之后，开了一个方，名叫'新政补元汤'。这剂药药性燥烈，服了恐会生变，于是就将原方略加删减，名叫'宪政和平调胃汤'。岂知服了这剂药之后，不仅没有转机，而且病势益发严重。到了今天，看来病情已入膏肓，究竟谁能另开一个起死回生的良方以起疴治病呢？"

一言以蔽之，在辜鸿铭的思想深处，是主张坚持中国数千年的传统和文化，强烈反对曾、李、张等人学习他眼中的那些西方皮毛的。但是，必须指出的是，在对待西学问题上，辜鸿铭的保守主义态度和我们熟知的顽固派的思想是不一样的。

在晚清，面对列强侵略和来自西方的强势文化的冲击，人们曾提出过许多应对方案。洋务派的基本方案则是"中体西用"，也就是在保持儒教纲常不变的前提下，采纳西方科技物质文化的成果，以解救国家的危机。而顽固派倭仁、徐桐等人的方案是坚持中国的封建传统，固执自我文化，反对西学，反对"以夷变夏"。由于在对待西学意见上的分歧，两派人物一直争论不休。

对辜鸿铭而言，在政治上，他的很多活动似乎都在洋务活动的范畴内。因为他在张之洞幕府的身份是洋文案，从事的事业主要也是围绕张之洞的洋务事业进行的，但是在文化思想上，辜鸿铭与"中体西用"的洋务思想又有很大的分歧，很多时候他的观点给人的感觉是简直与顽固派的论调如出一辙，甚至更加顽固。

对于辜鸿铭好多议论的保守甚至顽固，我们是必须承认的，但是在另一方面，我们又必须看到他与顽固派在思想认识方面的种种不同。首先，辜鸿铭对儒家文化的认同有着深厚的西学背景。他在欧洲留学多年，对西方社会和西方文明的认识极为深刻，这是一般的顽固派所无法比拟的。其次，虽然他一再强调儒家文化的价值并视之为救国的唯一方式，有时候在言词上还很绝对，但是从总体来说并没有彻底否定借助其他手段，比如部分吸收西方物质文明的成果的必要。他所强调的不过是必须以儒家之道为救国的根本途径而已，并没有像顽固派那样笼统否定和一概排斥西方文明，他坚持认为中西文明有许多相同和相通之处，一直主张将中西文明最优秀的东西结合起来。只不过在辜鸿铭眼里，西方文明的真正精髓在于与儒家文明相同或相通的那部分，如卡莱尔等人的浪漫思想、古希腊文明等等；西方科技物质文明的发达，恰恰是西方近代文明根本精神错误的产物。正是从这个意义上来讲，如冯天瑜教授说，辜鸿铭乃是"中国近代思想文化领域在'古今中西之争'中演化出来的一个奇特而复杂的标本"。

《中国牛津运动故事》是辜鸿铭于1910年春在上海出版的一部重要的外文著作，中文书名又译作《清流传》。从其扉页所题"献给张之洞"可知，这也是他为老幕主的谢世而作。同时，这部著作其实也是大清帝国的悼亡之作。这本书虽然名叫《清流传》，谈论的却是自太平天国起义到清朝覆灭之间的事情，重点是对当时的中国究竟应该怎样改革的议论，以及在已经进行的改革过程中不同执政者的功过是非。书中高度评价了同光年间兴起的清流运动，也专门阐发了自己的文化保守主义思想。

由于该书的读者对象是外国人，为了便于理解，辜鸿铭特意把清流运动比附为英国当年的牛津运动。牛津运动是指19世纪中期，由牛津大学名流纽曼教授等人所发起，在英国教会中进行的宗教复兴运动。后来，因受到英国政界和各国教会的抵制，这一运动最终归于失败。

在《中国牛津运动故事》一书中，辜鸿铭把发生在19世纪60到80年代，以李鸿藻、张之洞等人为代表的"清流运动"，与上述英国的"牛津运动"相类比，称为"中国的牛津运动"。简而言之，当时的这场清流运动，主要就是反对学习西方的实利倾向和物质主义文明，更加严格地坚守儒家原则。在辜鸿铭眼里，张之洞是李鸿藻之后整个清流运动的领袖，相当于牛津运动的首领纽曼博士。当然这是在张之洞政治生涯的前期。在出任地方督抚特别是中法战争之后，张之洞的思想发生重大转变，就日益脱离这场"中国牛津运动"了——这也是辜鸿铭对张之洞颇有微词的地方。

清流党是同光年间一个特殊的政治团体，这些人绝大多数出身翰林，主要人物有总理衙门大臣李鸿藻、刑部尚书潘祖荫，以及张佩纶、陈宝琛、张之洞等人。这些"清流"人士，以闭口不谈洋务为高超，以维护纲常名教为己任，放胆议论朝政，一力抨击疆吏，大有以清流睥睨一切之势，对外交涉上主张强硬态度。但是当时李鸿藻、张之洞一班人的清流政治主张，多是于时艰无补的书生之见，因此越到后来越为世人所诟病。特别是其代表人物张佩纶因主持中法战争结果一败涂地而遭到谴革，清流党人也就逐渐没落解体。后来其中一些人的思想发生转变，如张之洞就由清流健将变为洋务运动的殿军。

　　但是辜鸿铭却认为，清流运动有着非常重大的意义。在书的开始部分辜鸿铭首先比附说，北京的翰林院就相当于英国的牛津大学，也是中国国家知识分子的精英荟萃之地。正是这个翰林院，成为所谓"中国牛津运动"的总部。那些年轻的翰林们，即"清流党"一派，可以被称为"国家净化党"。而这些"清流党"的任务，就是从事"中国的民族净化运动"。他还进一步解释说："这个中国的民族净化运动，像英国的牛津运动一样，可看作是儒教中保守的宗教会派的复兴。运动的目的，是反对引进那些为李鸿章和中国自由主义者所热衷的外国方法和外国观念，通过呼吁国民更严格地信守儒家原则，来净化民族心灵和规范民族生活。"

　　辜鸿铭比附阿诺德对英国社会阶层的划分，也将当时的中国社会划分为三个不同的阶层：最上层是满族人，他们是天生的贵族阶层，以指导整个国家和民族为使命；然后是受过教育拥有智力的学者（或士大夫），他们是社会的"中产阶级"；最后则是平民（包括中下层市民和劳工阶级以及派生出来的富商和买办），社会的实际承载者和财富的创造者。然后辜鸿铭追溯了清流运动的起源、发展和失败的经过。他认为，在太平天国运动期间，早已经发生衰退的满族贵族无能为力，不得不求救于汉人，特别是那些受过教育的文人学士和封疆大吏们，于是曾国藩和李鸿章等人相继崛起并擅权。但是，在剿灭太平天国以及后来应对欧洲列强的威胁上，曾国藩和李鸿章等人采取了错误的做法，也就是辜鸿铭所说的，他们"关于中国'扩展'的思想和观念，就是要拥有新式的枪炮和战舰"。接下来，当曾、李等人所代表的"中产阶级力量"把中国引入歧途的时候，以李鸿藻为首，张之洞、张佩纶作先锋的清流党人看到了这种方法的偏失，于是发起了所谓"中国的牛津运动"，想把中国社会生活重新引回儒家原则的正轨上来。到中法战争之前，这场"中国牛津运动"曾达到了一个空前的高潮，并大有演变成一场"激烈的排外运动"之势。不过辜鸿铭辩解说："它的排外，并不是因为这些学者们憎恶外国人；它的排外，完全是因为这些学者看到了映现于眼前的，李鸿章及其追随者所采用的外国方式方法，竟是那样的骇人、粗鄙和伤风败俗。这，便是真正的中国文人学士排外精神的道德基础。"但是，1884 年中法战争之时，这些年轻气盛的清流党，先后被派到了前线，书生典戎。结果张佩纶搞得福建水师全军覆没，张之洞只是幸运——法国人没有攻打广州。中法战争之后，李鸿章东山再起，大权重握，中国的牛津运动就这样失败了。辜鸿铭酸溜溜地说，运动失败后，随之"清流党"解体，大概只有李鸿藻和张之洞两人没有失宠，并一直受着恩遇有加的善待。但是张之洞后来成为一个革新主义者。

辜鸿铭对清流党表示了深切的同情和理解。但是他并不认为清流党用以"抵御欧洲物质实利主义文明破坏力量"的方法是可取的。在书中，辜鸿铭概括了近代中国"抵御欧洲物质实利主义文明破坏力量"的几种方式。其中第一种就是清流党和义和团所采取的办法。在他看来，这种方法虽然相信"德足以胜力"，但是敌人的大舰巨炮是有形之物，忠信笃敬是无形之物，拿无形之物去攻有形之物是无法奏效的，所以并不可取。辜氏所谓的第二种办法，是张之洞调和的办法。张之洞早年也是清流党，中法战争后，他看到清流党办法的明显不足，于是改弦易辙，走上了调和的道路。辜鸿铭同情和理解张之洞这种调和是为最终保中国保名教的苦心，但同时却认为张的手段不当，并讥嘲他由此而提出的"中体西用"的主张，是一种不伦不类的、荒唐的调和。他批评张之洞病急乱用药，为救名教，不惜用与之根本精神迥异的西学作为手段，不过是饮鸩止渴而已。这种调和可能不会损伤张之洞的个人品格，但却滋生了一种道德上的"耶稣会主义"和政治上的"马基雅维利主义"，即为了目的不择手段的合理借口。由此必将对中华民族的精神生活和政治生活产生致命的危害。

那么，既不讲功利，又如何来保卫名教，如何来有效地抵御他所谓来自西方的物质实利主义文明的破坏力量呢？在辜鸿铭看来，方法仍在儒学之内，那就是"修己以敬""君子笃恭而天下平"。即通过一种正直和自尊的生活，赢得一种道德力量，然后见机行事。他认为此种办法与清流党的方法的不同之处在于：掌握此种方法的人既懂得德可以胜力，理可以制势的道理，又懂得如何以德胜力、以理制势。他不会赤膊去同炮舰相拼，让肉身与电车相撞，甚至可以暂时容忍，采纳或保护他所厌恶的东西，但最终，他却通过自己的道德力量，找到机会实现自己的目标，将西方物质实利主义文明的破坏力量消弭于无形之中。如此看来，辜鸿铭的思想见解，倒是比张之洞这样的"儒臣"还要醇正了。

其实，如果就儒家文明精神在本质上难以同近代西方文明调和并存这一点而言，辜鸿铭对"中体西用"论的批评并不及严复"牛体安能马用"说得深刻，却显然要比张之洞等人清醒。清王朝灭亡后，主张复辟的罗振玉等人就曾埋怨张之洞"轻改学章"，导致国变，种豆得瓜，大违初衷，而于辜鸿铭对张的议论表示了由衷的钦佩之情，赞叹其"论事于二十年以前，而一一验于二十年后"，并称辜为"醇儒"。这是后话了。

在书的后面辜鸿铭提到，张之洞死前一年，辜鸿铭曾向他表示反对欧洲物质实利主义文明、捍卫儒教的事业最终必将胜利，而他却痛苦地摇了摇头。这让辜鸿铭印象深刻。在书的结尾部分，辜鸿铭也表达了自己的担忧："本书就要结束了，我想说的是，在讲这个中国牛津运动故事的过程中，我已尽力说明，自从欧洲人进入中国以后，我们中国人怎样努力与那现代欧洲强烈的物质实利主义文明的破坏力量战斗，使它不至于危害中国的长治久安和真正文明的事业，然后我们又如何遭到失败。眼下的问题是：今后该怎么办？我们是只能听任自己古老的文明被扫除净尽呢？还是有什么办法能避免这样一场灾难？"

为古老的中国文明的命运感到忧虑的辜鸿铭，也在担心着大清王朝的前途。在清流运动的领袖、清王朝的股肱之臣张之洞去世之后，清王朝政局动荡，危机四伏，越发显得风雨飘摇。此时的辜鸿铭，在外务部任上有过两次提升，先是由员外郎晋升为郎中，再后由郎中又晋升为左丞。这个"左丞"相当于现在的部长助理之类，这已是辜鸿铭在大清帝国时代所担任的最高官职了。

但是，就在他上述两部书出版前，辜鸿铭忽然从快要断气的大清王朝获得了他此前一直求之不得的功名。这年（1910）1月19日，年仅三岁的宣统皇帝宣布赏赐进士。这个时候，科举制度已经废除好几年了，所以朝廷只有颁赏，以示恩宠。辜鸿铭以"游学专门列入一等"，赏以文科进士。和他同榜的还有三人，四人依次是严复、辜鸿铭、伍光建、王劼廉。除文科进士之外，还有两人获赏工科进士，一位是大名鼎鼎的中国铁路之父詹天佑，另一位是魏瀚。

辜鸿铭被赐以如此殊荣，应当被视为清廷对他那精深的西学造诣的一种正式承认。公平地讲，虽然现在一些人把辜鸿铭称为国学大师，学贯中西的人物，但倘真要深究起来，辜鸿铭还是以西学名世，其国学造诣和传统文化素养并不能估价太高，更遑论同那些真正的国学大师相比肩了。和他同时代的人物，对他的国学水平多不认可。如一代国学大师章太炎先生在谈到辜鸿铭的学问功力时也曾对人说："汤生嘛，英文，他好；国学，他根本不能……"应该说，这种两分法的评价，是很客观的。后来在北大时期曾做过辜鸿铭三年学生的罗家伦也认为："辜先生的中国文学是他回国以后再用功研究的，虽然也有相当的造诣，却不自然。"相比于西学，辜鸿铭的国学功底确实差了些。国学大师罗振玉先生曾著文称赞辜鸿铭皓首穷经的精神，认为他最终"学以大成"。辜鸿铭认为这是"过誉之言"，这恐怕不仅仅是自谦之语。

这一点其实并不难理解。毕竟和那些从小就受中国文化浸染的国学大师不同，辜鸿铭真正认真学习中国传统文化是在二三十岁之后的事情，对国学的学习也并不系统和完整。辜鸿铭的国学主要是儒学，多在儒学经典上注力用功。他对《庄子》和《易经》的兴趣也较大，至于其他经史子集，虽然也有所涉猎，但研究并不算精深。即使是《易经》，虽然辜鸿铭认为这部书是中国文化的核心和哲学的依据，研读了一辈子，曾多次想写些像样的东西，但终究未能实现。以致他晚年曾对人说：

"吾于易学，庶几未着边际。"此外，由于辜鸿铭青年时期所受的是西洋的学术熏陶，故其为学的方式也是西方式的。他没有乾嘉学者的汉学功底，不注重章句、名物的训诂考据，对经书的内容和字句，往往是从意义上或哲学上加以解释，着力于对经义的阐释会通。至于辜鸿铭的汉字水平，则常为当时人所笑。因为他虽然字认得不少，但是由于他从小就没学过汉字和练习过毛笔字之故，所以梁实秋笑他的书法"极天真烂漫之致"，写字时缺撇少捺的事情也时有发生。

关于辜鸿铭的国学，日本汉学家清水安三博士有段颇见心得的看法："辜鸿铭的国学功底在于具有高瞻远瞩地批判、理解中国思想的眼光，他探究其精髓、特征及伟大功绩之所在，并指陈它的缺失，是相当充分的。在比较衡量西方文化及其思想的领域中，他是不可缺少的人物。他并非纯粹的国学家，但他只要具备理解、批判中国文化并与西方文化进行比较的能力，就足够了，因为除此之外的研究，对他来说都是多余的。"

当然，说辜鸿铭的国学不能高估，那是拿他和同时代那些精于国学的大师们相比。当那些根本不懂中国传统文化的西方人赞誉辜鸿铭是"中国孔子学说的最大权威"时，老辜是向来毫不客气地接受的。

获得进士头衔之后，1910 年初，困居北京的辜鸿铭还是辞去外务部的职位，南下上海，受聘为南洋公学的监督。这所学校为盛宣怀所办，是现在上海交通大学的前身。

当时，辜鸿铭的挚友赵凤昌、沈曾植等人早已辞官，栖身上海。当年在新加坡召引他回国的马建忠也息影沪上。辜鸿铭到上海后，一方面主理南洋公学校务，另一方面也与他们几位时相往来。

二、袁大总统的死对头

骂袁忠清为哪般

1911 年，清王朝的危机日益加重。全国各地的国会请愿团此起彼伏，四川人民也因川汉铁路修建问题掀起保路风潮，清政府派兵入川镇压。而孙中山等革命派又在广州发动起义。这次起义虽然最终被镇压，但却使得清政府惊恐不已。正如孙中山所说："已震动全球，国内革命之时势实以之造成矣！"

1911 年 10 月 10 日，武昌起义爆发。各省纷纷响应，一时间十几个省宣布独立。这次起义之后，清政府惊惶失措，摄政王载沣被迫重新起用袁世凯，想用袁的北洋军来镇压革命。而袁世凯则一边向清政府伸手要各种条件，一边又派人和革命阵营谈判。最后，南北双方达成妥协：袁世凯赞成共和，逼清王朝退位，革命党则推他做中华民国临时大总统。1912 年元旦，南方各省在南京宣告成立中华民国。同年 2 月，在袁世凯的逼迫下，已经穷途末路的清廷颁布退位诏书。之后，南北统一。延续了两千多年之久的封建君主专制制度为世界潮流所向的共和政体所取代，这真可称得上一次伟大的历史巨变。

民国肇兴，革故鼎新，社会剧变，时代日非。中国社会处处呈现新的气象。但是，对于亡清的遗老遗少来说，这无异于一场灾难。

辜鸿铭当然痛恨推倒大清江山的孙中山等革命党人，但他最为痛恨的还是逼迫宣统皇帝退位的袁世凯。在他看来，袁世凯世受皇恩，却背信弃义，逼皇帝退位，自己却坐上了中华民国临时大总统的宝座，是彻彻底底的乱臣贼子。

在 1912 年他的《中国牛津运动故事》重印的时候，辜鸿铭特别撰写了题为《雅各宾主义的中国》的文章加入其中。

辜鸿铭在文中认为，对大清和中国来说，辛亥革命就是一场灾难，而这场革命所带来的袁世凯窃国，则意味着群氓掌政时代的到来。他公开说："真正的灾难，还不是伴随着流血和财产破坏的这场革命，而是革命以袁世凯当上共和国总统而告终，因为它意味着群氓已将整个中国踩在脚下。"

他还公然大骂袁世凯为"彻头彻尾的流氓无赖""是一个懦夫和卖国贼""甚至连小偷和赌徒都不如"。他说："袁世凯奉命出山保卫大清，可他出山后，不是像一个有廉耻的人那样去尽职尽责，而先是恭顺地屈从于革命党，然后百般狡计，使其统帅的士兵坠失忠君之心，并拥兵自重，逼迫皇帝退位，最后成为民国总统。"辜鸿铭还公开预言，袁世凯正是"中国群氓的化身""我认为他的统治将不会长久"。

其实，辜鸿铭对袁世凯的厌恶，早就有之。他一生不知骂了多少人，而他的骂人记录中袁世凯应该排在首位。辜鸿铭第一次见到袁世凯是 1903 年随张之洞奉旨入京之际。当时袁世凯为讨好比自己资深的张之洞，特派他的北洋兵队守护张的寓所，却遭到辜鸿铭毫不客气的嘲讽。1907 年，张之洞与袁世凯以封疆大吏之外任同入军机处。当时的袁世凯得意扬扬，连原来颇为尊重的张之洞，也不放在眼里了。一次，袁世凯会见德国驻京公使，说到朝中诸公时很不客气地说道："张中堂是讲学问的，我不懂学问，我是讲办事的。"言下颇为自得，似乎他比张之洞要高出一筹。事后，袁世凯的一位幕僚特别将这番话转告给辜鸿铭，并将这当成他家主公的得意之谈来卖弄。辜鸿铭马上讥讽道："诚然，你家袁中堂是专讲办事的。然而，也要看这所办的是何等事，如老妈子倒马桶，就根本用不着有学问。但是，除了这倒马桶之外，我不知天下有何事是无学问的人办得好的。"

辜鸿铭不仅在中国人面前骂袁世凯，还经常瞅准时机在洋人面前骂。一次，一位西洋朋友在和辜鸿铭聊天时说："在我们西方人当中，有贵种、贱种之分，您能辨别吗？"这话惹得辜鸿铭兴趣大起，说："不能啊。怎么辨别，说来听听。"洋人说："西方人到了你们中国后，生活了很长时间之后身体没有发生变化，和没来之前一样的，就是贵种。如果来中国没多久就体态大变，膘肥体壮的，就是贱种。"辜鸿铭好奇地问："这怎么解释呢？"洋人回答："中国的食物非常好吃，价钱较之我们国内又低好几倍。所以贱种的西洋人一到中国，就贪便宜大吃特吃，吃得脑满肠肥，大腹便便，身上的肉一层层堆起来，和初来中国以前完全两样了。但贵种的西洋人，虽然居住中国多年，体形照样不变。"

辜鸿铭听后，马上借题发挥，痛骂袁世凯："你不知道，我们中国也不是没有这种人啊。比如说袁世凯，在甲午以前本来是一个无赖，但自从暴得富贵、官至北洋大臣后，营造洋楼，广置姬妾，等到解职回乡的那段时间，又购买豪宅，添置园林，穷奢极欲，大享人生乐事，这和西洋的贱种到中国大吃大嚼者，有什么区别呢？庄子说：'其嗜欲深者，其天机必浅。'孟子说：'养其大体为大人，养其小体为小人。'人家说袁世凯为豪杰，我偏说袁世凯是个贱种！"

据德国人卫礼贤在《中国的精神》一书中介绍，在当时，袁世凯为了让辜鸿铭闭上嘴巴，免得更多地败坏他的形象，曾专门托人找到辜鸿铭，以月薪六百大洋的高价请他做自己的家庭教师，结果当场遭到辜的严词拒绝。

辛亥革命后，中华民国颁布了一系列法令以移风易俗，如禁止缠足跪拜等封建陋习、以新式礼服替代过去体现等级的旧服、剪掉男子头上的辫子等等。但辜鸿铭对此毫不理睬。在他眼里，这中华民国本不是他的，所以他一张口就是"你们中华民国"如何如何。而脑后的那根辫子，也被辜鸿铭一直保留到死，成为他效忠大清王朝的标志。

有一次，谈到自己为什么要保留这根辫子时，辜鸿铭说："我认为，中国的存亡，在德不在辫。辫子剪与不剪，原本没有多大关系。你们以为剪了辫子换了衣服就能救中国了吗？"他还为自己对大清的独秉孤忠作了这样一番解释："我的许多外国朋友笑话我，认为我对满人朝廷是一味的愚忠，但我的愚忠，并不仅仅是对我世代受恩于它的王朝的忠诚，在当前这种情况下，这也是对中国政教的忠诚，对中国文明理想的忠诚。"

自宣统皇帝退位、大清王朝倾覆之日起，全国各地的遗老遗少们，便纷纷躲入租界，一则谋求自保，一则相机复辟。当时的复辟人士，除了北京紫禁城宫中，主要集中在上海和青岛两地。在上海，以江苏阳湖绅士恽祖祁、恽毓昌父子俩的活动最为积极。他们外联日本、内结张勋，并与北京的宫廷暗通声气。这群人认为，中华民国成立以后，并未能"揖美追欧、旧邦新造"。袁世凯未能收拢人心，社会秩序混乱。天下人期望于共和者，逐渐失望，讴歌前朝者时亦有之。因此必须借人心尚未离散之时，及时使宣统皇帝复位，统一天下，恢复旧观。

武昌起义时，辜鸿铭因为在《字林西报》上发表反对革命的言论并阻止该报刊登有关武昌起义和排满的文章，受到南洋公学学生的包围诘责，所以辞掉了南洋公学的职务。仍然蛰居上海的辜鸿铭，混迹于这些遗老遗少之间。1913年1月初，他还受寻求复辟的宗社党人委派，东渡日本，游说日本政府支持复辟。但是日本政府对于他们的复辟计划并不感兴趣。这次日本之行，最终徒劳而返。1月底，辜鸿铭由日本回到上海。

不久，辜鸿铭得到消息，瑞典皇家文学院已经作出决定，要将1913年度诺贝尔文学奖授予一位东方人。而获得此项提名的，一位是印度诗人泰戈尔，另一位就是辜鸿铭。他本人获得提名的理由是，用英文翻译《中庸》《论语》等中国儒典，把有数千年悠久历史的中国文化传播至西方社会，有力地促进了中西文化的交流。当然，正如我们所知的那样，这顶桂冠最终被泰戈尔摘取。但是这件事对当时的辜鸿铭还是一个很大的促进，让他再一次看到了中国文化的价值和影响。

椿树胡同的名士

复辟无望后，辜鸿铭一度从上海避居青岛，最终还是北上回到了北京椿树胡同的家中。这次回北京，社会的变化已经很大：男人们头上的辫子不见了，很多人脱掉长袍马褂，穿上了西装革履；小姑娘不再裹脚，就是一双天足；年轻女人们也不再深居闺房，开始抛头露面，还有些女人烫了发，穿上高跟鞋，摩登起来。这些现象都让辜鸿铭大为叹息。看到那些时髦男女的装束，他总忘不了告诫一声："别以为穿西装、皮鞋就很时髦，那不过是西洋人的无聊玩意罢了。"

他整日蛰居家中，研读诗书典籍，偶尔接见一下访客，或者就是和夫人、儿女们在一起闲聊。辜鸿铭的原配夫人叫淑姑；是他理想中的妻子：小足、柳腰、细眉、温柔、贤淑。

辜鸿铭雅好小脚，他有一套奇谈怪论：三寸金莲走起路来婀娜多姿，会产生柳腰款摆的媚态，那小足会撩起男人的遐想。他认为女人的奇绝之处全在小脚。他还有一套品味小脚的七字诀：瘦、小、尖、弯、委、软、正。

辜鸿铭作文时总把淑姑唤到身边，让她脱去鞋袜，把小足伸到他的面前让他赏玩，甚而用鼻去闻脚上臭味。他觉得这是

"兴奋剂"。一边玩赏一边写作。有时文思枯涩，他便把淑姑小足盈盈握在手中，顿觉思如泉涌，下笔千言。

辜鸿铭十分欣赏淑姑的"三寸金莲"，还吟诗诵之："春云重裹避金灯，自缚如蚕感不胜。只为琼钩郎喜瘦，几番缧约小于菱。"

他的这一癖好，竟引出一段荒诞的笑话。后来在北大执教时，他去一位学生家看藏书，见到开门的丫头一双小脚，顿生兴趣。本来他是来看学生所藏的宋版书的，此时心意全乱，匆匆浏览，触景生情给学生写了一副古人集句："古董先生谁似我？落花时节又逢君！"这位学生是个聪明人，看到辜鸿铭这个样子，悟出先生是想得到这个丫头吧，于是投其所好，要把那丫头送给老师。临行前那丫头梳妆打扮，把小脚洗了又洗。结果到了辜府后，辜鸿铭捉起丫头的小脚，嗅不到一丝臭味，顿时趣味索然，差人把丫头送了回去，并附一信，只书四字：完璧归赵。

除了妻子之外，辜鸿铭纳有一妾。这个妾是个日本女人，名为吉田贞子。吉田贞子是日本大阪心斋桥人，乃辜鸿铭在武昌任张之洞文案时所纳。吉田贞子端庄、漂亮，并且有日本妇女那种典型的温柔贤惠。辜鸿铭对吉田贞子非常喜爱，认为她唯一的不足就是大脚。这位日本夫人给辜鸿铭带来了无穷的人生之趣，甚至到了没有她侍寝就难以入眠的程度。所以辜鸿铭把吉田贞子比作自己的"安眠药"。辜鸿铭日后声言："我的一生有如此之建树，原因只有一条，就是我有兴奋剂和安眠药日夜陪伴着我。"有一次，辜鸿铭不小心惹恼了这位东洋太太，贞子将门紧闭不理他。辜鸿铭讨饶、告罪也无济于事。三日三夜辜鸿铭寝食难安。他找来一根渔竿，爬上凳子，推开窗户见到贞子躺在床上，遂煞有介事地钓起桌上鱼缸里的金鱼。那鱼是贞子从日本娘家带来的良种珍品。贞子终于忍不住说："别捣乱了！"辜鸿铭收起渔竿哈哈大笑着说："我只不过是要把你的话钓出来罢了！"

1904年，爱妾贞子病逝，葬于上海外国人公墓。辜鸿铭亲题墓碑"日本之孝女"。并以诗记其殇："此恨人人有，百年能有几？痛哉长江水，同渡不同归。"

在此后两年出版的英文书如英译《中庸》的扉页中，辜鸿铭均深情地写道："特以此书献给亡妻吉田贞子。"

辜鸿铭拥有娇妻美妾，总以现身说法向友人宣传一夫多妻的好处。每说到纳妾，他兴致特高，妙语连珠。一日，他与两位美国小姐谈妾时说："妾字为立女，妾者靠手也，所以供男人倦时作手靠也。"美国小姐反驳："岂有此理，如此说，女子倦时，又何尝不可将男人做手靠？男子既可多妾多手靠，女子何以不可多夫乎？"她们以为这下可把辜鸿铭驳倒，不料辜答："否，否。汝曾见一个茶壶四只茶杯，但世上岂有一个茶杯配四个茶壶者乎？"这就是辜鸿铭有名的"壶一杯众"论。

又有一次，几位德国贵妇人慕名拜见辜鸿铭，向他宣扬女子也可多夫的道理。辜鸿铭连头都不回，问道："府上代步是马车还是汽车？"这几位存心刁难他的女人有人回答马车，有人回答汽车。辜鸿铭当即应道："不论你是马车还是汽车，总有四只轮胎，请问府上备有几副打气筒？"众人愕然。

后来，陆小曼与徐志摩结婚时，陆对徐立规矩："你不能拿辜先生的茶壶的比喻作借口，你不是我的茶壶，而是我的牙刷。茶壶可以公用，牙刷不能合用。我今后只用你这把牙刷刷牙，你也不准向别的茶杯里注水。"这趣闻，成为世人笑谈。

像辜鸿铭这种名士，生活自然是放荡不羁的。妓院、酒馆、茶楼都是他喜欢去的地方。到了晚年后，辜鸿铭还经常到妓院里拈花惹草，这让他的儿子辜守庸非常难堪。但辜鸿铭却毫不为意。在给日本友人萨摩雄次的手迹里，辜鸿铭这样写道："要忠，又要孝，又要风流，乃为真豪杰；不爱财，不爱酒，不爱夫人，是个老头佗。"这句话，是颇能概括辜鸿铭的名士性格的。

北京椿树胡同的安静日子没过多久，就有人找上辜鸿铭家门来了。原来，袁世凯在做了中华民国临时大总统后，表面上拥护共和，暗地里却进行了一系列的独裁活动。当时以宋教仁为代表的一部分革命党人，成立了国民党，试图通过选举组阁上台，限制大总统的权力。1912 年底到 1913 年初的国会选举中，国民党取得胜利。袁世凯先是拉拢宋教仁，结果遭到宋的拒绝，于是 1913 年 3 月，袁世凯直接指使手下刺杀了宋教仁。宋案发生后，全国舆论哗然，孙中山等革命党人在南方掀起了反袁的"二次革命"。为镇压这次革命活动，袁世凯向当时英、法、德、日、俄组成的五国银行团提出借款。五国银行团为协调各国利益以及同袁世凯政府谈判之需，决定聘一位兼通多国语言的翻译，在别人的推荐下找到了辜鸿铭。

辜鸿铭正在家中无事可做，现在有人上门相求，便应允了这件事情。不过，他提出一个条件：酬劳费六千大洋。来人被他吓了一跳，说话的口气都变了："六千块？这未免太多了吧？"辜鸿铭却毫不松口："先生，你以为我不值？告诉你，就是六千，一个子也不能少，否则免谈！"辜鸿铭的要价实在太高，对方无法做主，只好回去后请银行团定夺。不料，英国汇丰银行总裁喜理乐闻报竟立即拍板说："六千块大洋，值，太值了！别人嘛，也许一两银子也不值，但辜先生却值这六千块！"就这样，辜鸿铭当上了五国银行团的临时翻译。凭着熟练的多国语言功夫，他为银行团解决了不少问题，对方大为满意。而他自己也是日进斗金，很是风光。

这年 4 月下旬，袁世凯同五国银行团之间的《善后借款合同》在北京签字，借款数为二千五百万英镑（约两亿八千万银圆），年息高达五厘，八四折，以全国的盐税为担保。条约签下来，辜鸿铭大为感慨："银行家就是在天晴时硬把雨伞借给你，而下雨时又要收回的人。"

三、大清帝国的最后一根辫子

中国文明救西方

公元 1914 年，第一次世界大战爆发。

辜鸿铭一直注视着这场战争的进程。大战初期，在北京的欧美人士时常集会讨论欧战前景等问题。正担任五国银行团译员的辜鸿铭，曾应邀向他们多次发表演说。1915 年 4 月，当欧战正酣之时，辜鸿铭将这些英文演说稿汇编成册，加上自己的一些文章，在北京印行，这就是《中国人的精神》。

《中国人的精神》，中文名为《春秋大义》或《原华》，是一本揭示中国人的精神生活、宣扬中国传统文化的价值、鼓吹儒家文明救西论的著作。这本书比较系统地反映了辜鸿铭的思想文化立场，是他本人文化思想的集大成之作，也是他一生中最具有世界影响的代表作。全书除了序言、导论和附录外，由《中国人的精神》《中国妇女》《中国语言》等七篇文章组成，其中以《中国人的精神》一文篇幅最长，最为重要，故以它作为全书的书名。

在书的序言中，辜鸿铭首先对文明的评估标准提出了自己的观点。在他看来，要估价一种文明，并不是看它的都市、建筑、马路、家具及工具、仪器之类，也不完全在于诸如制度、艺术或科学的创造，而是看它能产生什么样的人，什么样的男人和女人。这才能显示该文明的个性、气质与灵魂。

辜鸿铭提醒人们把目光投向惨烈厮杀的欧洲，并对文明问题进行新的思考："目前的这场大战，正把全世界人民的注意力从其他一切事情上吸引过来。然而，我认为，这场战争本身必须引起人们对巨大的文明问题的关注。"

辜鸿铭认为，当今欧洲之所以会被残酷的战争折磨，主要病根就在他们崇尚物欲和武力的西方文明本身。在他看来，推动战争发生的不是那些政治家、军人和外交家，而是平民。在民主政治的名义下，欧洲各国统治者、军人、外交官违背自己内心的良知而迎合百姓的赞誉，形成了泛滥于欧洲社会的"群氓崇拜"。他认为，正是这种起源自英国的群氓崇拜，使得欧洲出现非理性的混乱；热爱正义的德国人为消除这种混乱和分裂，又成为强权迷信者，使得德国产生了强权崇拜和军国主义，从而最终导致这场世界大战的发生。所以，要想制止这场战争，首先必须消除当前世界上的群氓崇拜和强权崇拜。

辜鸿铭进一步分析说，过去的欧洲，是曾有一种有效控制人们欲望的道德力量的，那就是基督教。但是当基督教渐渐失去了它的效用之后，欧洲人采用物质力量来维持社会。这种对物质力量的利用最后发展到必须依靠武力来维系秩序，这才导致了军国主义。辜鸿铭说，这样，欧洲人便被逼迫到一个绝境：因为缺乏有效的道德力量，军国主义是必要的；但是军国主义引起的战争，又意味着对欧洲的破坏和毁灭。所以，要想避免欧洲的破坏和毁灭，必须摆脱军国主义，而要想摆脱军国主义，又必须寻求一种道德力量。但是在基督教已经失去效用的情况下，这种新的有效的道德力量在哪里呢？

辜鸿铭给出了自己的答案——中国文明。中国文明里有使军国主义失去必要性的道德力量，那就是儒教，辜鸿铭口中的"良民宗教"。为了让西方人真正识得中国文化的奥趣，辜鸿铭把自己研究中国文化的心得体会呈献与世人。在书中，他列举了三样东西：中国人的精神、中国的妇女和中国的语言。

中国人的精神

辜鸿铭首先认为，中国人的性格和特征很难给予简单的概括和归纳。在他看来，"真正的中国人"是"旧式的典型的中国人"。他们给人感触最深的印象是温良，或者说温文尔雅，在他们身上看不到丝毫的蛮横粗野和残暴。中国人重感情，所以富有同情心；中国人在日常生活中具有惊人的记忆力，因为他们是用心而不是用脑去记；中国人的待人礼节虽然不如日本人那样频繁但却令人感到愉快，因为他们的礼貌发自内心。中国人过的是一种心灵的生活，所以他们不喜欢死板、精确的东西。毛笔可视作中国人精神的象征：用毛笔书写绘画是比较困难的，而且它也不容易精确，但你一旦熟练掌握它，却可以创造出美妙优雅的书画。西方坚硬的钢笔是无法获得这种效果的。他甚至认为，中国人对不洁净的环境和物质上的不便不甚在意，就是因为他们过的是这种心灵上的生活。

辜氏还指出，由于注重心灵生活，中国人就智力而言，在一定程度上被人为地限制了。中国的自然科学和抽象科学，如数学、逻辑和形而上学的东西不发达也是因为这个原因。"事实上，每一件无须心灵与情感参与的事，诸如统计表一类的工作，都会引起中国人的反感"。

但辜氏提醒人们注意，尽管中国人具有上述诸多幼稚之相，却同时又具有一般处于初级阶段的民族所没有的思想和理性的力量，这使得他们成功地解决了社会生活、治国及其文明中许多复杂而困难的问题。因此他认为，真正的中国人不仅具有孩童之心，还具有成年人的智力，是心灵与理智完美和谐的产物。简言之，中国人有着稚子之心和成人的智慧，所以中国人的精神是一种永葆青春的精神。

辜鸿铭把这一点归结为儒学的功劳和中国文明的涵化之果。辜氏认为，在中国，儒学不仅是一种哲学，而且实际上代替行使了宗教的功能。与西方意义上的宗教——如基督教——相比，儒学有其自身的特点和优点。西方宗教是超自然的，只是让人做一个信仰神的好人和圣者；中国儒教是世俗的，不仅让人做好人，还要让人做忠臣、孝子、良民，去承担更多的国家、社会和家庭责任。因此，辜氏又将儒教称为"良民宗教"，认为儒家的忠孝之教，是一种比基督教上帝信仰更为理性而高明的宗教体系。基于以上比较，辜氏指出，孔教不是狭义的宗教，却起到了宗教的作用，中国人没有宗教（他认为佛教、道教不过是中国人生活中的点缀），却不感到宗教的欠缺。

中国妇女

中国的女人，是和男人截然不同的类型。作为中国人的另一半，中国的女人从另外一个方面体现了中国人的精神。

中国传统文明中妇女的理想人格是什么呢？辜鸿铭认为首先是一个真正的家庭主妇。她们不像西方的圣母玛丽亚和缪斯女神那样，只是挂在墙上好看的美丽图画而已。"如果你让女神缪斯去整理房间，让圣母玛丽亚去做饭，其结果肯定是房间乌七八糟，早上你只能饿肚子。"孔子说："道不远人。道之为道而远人，不可以为道。"辜鸿铭将"道"改为"妇人理想"，认为其中之理是相同的。他用他常用的拆字法来解释：中文的"妇"字是由"女"和"帚"两个词根构成的，意思是手拿扫帚清扫房间的女人。在古代中国，妇人被称为"主中馈"，即厨房的主人。这同古希腊、罗马、希伯来的女性理想并无二致。也就是说，"真正理想的妇女，就是做一个家庭主妇"。

具体地讲，辜鸿铭认为中国传统女性的人格是由"三从四德"构成的"完美"人格。在他的笔下，"三从四德"都无一例外地带上感情色彩。他说，四德当中，所谓"女德"，并不要求女人过分聪明，而只要谦恭、快活、纯静、贞洁、举止得体即可；"女言"，意味着不顶嘴、不强辩、不高谈阔论，说话时要谨慎择言，不出粗鲁或激烈的言辞，并且知道什么时候该说，什么时候该住嘴，善于察言观色；所谓"女容"，就是要求女人穿着不要过分娇饰妖冶，但衣服一定得整洁干净。除此之外，她们最好还要有些手艺，如勤于并且善于纺织、烹调和洗衣等，也就是所谓"女工"。

辜鸿铭还美化了"三从"。他认为，"在家从父，出嫁从夫，夫死从子"这三从，证明中国妇人生活的主要目的，既不是为了自己，也不是为了社会，她们不像西方女人那样想当一名改革家或妇女总统什么的，更不想成为救世主，"她们人生的主要目标，就是做一个好女儿，一个好妻子，一个好母亲"。由此引发，辜鸿铭最为欣赏、讲得最多的，就是中国妇女那种"无私无我"的品格，认为这就是"贤惠"的本质所在。

有人问他，为什么只要求女子有这种无私观念和牺牲精神，而不同样要求男人呢？辜氏说，在中国，一个男子，尤其是一个绅士君子，不仅要辛辛苦苦支撑家庭，还要为君王为国家奔忙，甚至献出生命，难道这不也是一种牺牲精神？

他甚至认为，正是中国妇女的无私精神，"使得纳妾在中国不仅成为可能，而且并非不道德"。他说，纳妾并不意味着娶许多妻子，因为在中国的法律中，一个男人只能有一个妻子，妾和丫头却可以纳好多，只要他乐意。在日本，妾被称为

"手靠"和"眼靠"。他认为，中国的理想女性并不要求一个男人终其一生去拥抱她和崇拜她，而恰恰是她自己要纯粹地、无私地为丈夫活着。因此，当她丈夫病了或者操劳过度、身心疲惫需要"一个手靠、一个眼靠"时，中国女人的无私、责任感和牺牲精神是允许这样做的。

但是有人问他，一个男人如果真的爱他的妻子，还会同时爱妻子身边的其他的女人吗？真爱何在？辜氏回答："怎么不能呢？"他辩解道：检验一个男人是否真正爱他的妻子，不是要他花费所有的时间跪在妻子的石榴裙下崇拜她，而是看他是否为妻子分忧，保护妻子，不伤她的心。但是，当女子看到丈夫把一个陌生女人带回家时岂不伤心？辜鸿铭说，因为中国女子这种绝对的无私精神，使她在看到丈夫带别的女人进家时可能并不感到受伤害。在不能生育孩子或者因身体等原因无法照顾家庭时，有些妻子允许甚至鼓励、说服丈夫纳妾。辜鸿铭说，正像中国男人信仰忠诚一样，中国的女子信仰无私精神。外国人从不懂中国男女的两种信仰，也永远不能理解真正的中国男人与中国女人。

在讲到中国妇女的"无私无我"时，辜鸿铭很自然地谈到中国的婚姻制度。他向西方人详细介绍了中国人由订婚到结婚的所有仪式和礼节，并认为夫妻对拜的礼节"确切无疑地说明中国男女之间、夫妻之间是绝对平等的"。此外，他还对中西婚姻进行了独特的比较，指出："欧美的婚姻是一种情人婚姻，它要求爱情必须且仅仅体现在夫妻之间（单独的一对男女）。而中国的婚姻，却并非如此，它建立在妻子与丈夫家庭之间。""妻子不是单纯同丈夫结婚，而是成为其家族的一员"。她不仅要忠于丈夫，还要忠实于家庭，通过家庭，履行对国家的责任。因此，夫妻双方也不能擅自离婚，它必须得到丈夫、家庭的许可。这样的婚姻是一种"公民婚姻"，与西方人只顾个人爱情的"情人婚姻"根本不同。辜鸿铭把问题上升到中西文明的高度来加以评判。他嘲讽西方人自称"公民"，其实不配，他们不过是些自私的个体而已。中国人才是地地道道的"公民"，他们的"公民"意识，使得中国家庭和睦、家族团结，进而使得整个社会安宁有序，国家政治稳定。而在西方，由于缺乏正确的公民观念，他们的国家简直算不得国家，只不过是一些商业托拉斯而已。它们就像土匪和海盗组织，只知道自己的物质利益，只考虑从商业贸易中多分些利润罢了。"我以为，这就是西方要打世界大战的根源"。

辜鸿铭还对中国女子和西方女子不同的审美特征作了概括。他认为，中国人的"温良"在中国妇女身上得到了更为完美的体现，发展成一种神圣的温柔，一种达到绝对无我境界的温顺。这种温柔恭顺的特质，在希伯来、希腊或罗马，任何民族任何文明中都难以找到。恐怕只有在基督教文明发展到顶峰的文艺复兴时期才能偶尔一见，但两者之间仍有细微差别。如果你把圣母玛丽亚和中国古代艺术家笔下的仕女形象相比，你就会发现，圣母玛丽亚与中国理想女性都是温柔的，但中国理想女性更胜一筹的是，她们除此之外还端庄文雅，温文有礼。

最后，在辜鸿铭看来，中国理想女性最重要、最典型的特质，还不是温顺，而是"幽闲"。它使中国理想女性与世界古今各民族的女性区别开来。这是在世界任何别的地方都见不到的。辜氏指出："正是中国的'幽'字所包含的那种腼腆、羞涩、害臊，构成所有妇女特征的本质。一个妇女越是发展了她那种腼腆、羞涩的特质，她就越具有女人味——雌性，事实上，她就越加成为一个完美的或理想的女人。相反，当她失去这种特质的时候，她那种女人味，也就连同她的淳香芬芳一并俱亡，从而变成一具行尸走肉。"正因为这样，中国女子本能地意识到在公开场合抛头露面是不合体统、不应该的。辜鸿铭痛斥让女人走向社会的作为，认为这是一种无法挽回的错误。他厌恶那些身体健壮、昂首阔步的女人，更看不惯她们招摇过市，到处抛头露面的模样。他认为，某些中国女人出席基督教青年会的茶话会，同洋婆娘一起"骚首弄唱"，是"下流的，极不合适的"。显然，辜鸿铭已经彻底醉心于那种千百年来中国士大夫对女人所形成的、根深蒂固的审美趣味之中了。对于中国妇人那种"神圣"的"温柔"背后被迫的、痛楚的牺牲，那种"美妙"的"幽闲"内里充满的对人性的摧残，他是根本看不见或完全漠视的。

中国的语言

辜鸿铭精通多门外语，但却并不觉得这些语言有什么了不得，即使是他最为拿手的英文亦然。在他眼里，世界上最为伟大的语言有三种：一是汉语，一是希伯来语，一是古希腊语。在这三大优秀语言中，他最为欣赏的又是汉语。因为后两者早已成为"死语言"，只有汉语仍活生生的，被四万万人痛快地使用着。也就是说，它是唯一现存的优秀语言。

在这篇《中国语言》中，辜鸿铭首先回答了一个问题："汉语言果真难学吗？"他的答案既是肯定的，也是否定的。辜鸿铭把中国的语言分作口头的语言和书面的语言（白话和文言）两类。他认为，汉语的口语并不难。除了马来语外，它可算是世界上最容易的语言了。"因为它既没有语格、时态，又没有规则和不规则动词，实际上没有语法，或者说不受任何规则限制"。但是为什么受过教育的欧洲人学起汉语来却感觉如此之难呢？辜鸿铭解释说，因为中国人的语言乃是一种"心灵的语言"，所以欧洲的儿童学起汉语来非常容易，受过教育的成人却难。他告诫西方人："如果你不像孩子一样，你万不能进天朝，也不能学好中文。"

至于书面语言（文言）难不难学，辜鸿铭的回答还是：难，又不难。因为它和口语一样，极为简洁。但是这种极为简洁的语言却能展示深邃的思想和深沉的情感。为此，他翻译了一首中国的唐诗来证明这一点，指出英语的译文怎么也不能"传达原诗神韵高妙于万一"。最后，辜鸿铭概括说，中国的语言在某些人看起来难，并不是难在它的复杂，而是难在它的深奥。受过现代的欧式教育的人觉得汉语难学，是因为这种教育只注重发展人的大脑，而忽略了心灵的开发，培养出来的只是浅薄之徒，自然难以学会深奥的汉语。

在以中国人的精神、中国的妇女和中国的语言为例，谈了中国文化的奥趣之后，辜鸿铭又表示，其实西洋人——包括那些著名的汉学家——是不容易明白中国人的。他说："我们中国人固不能深知欧洲人，欧洲人亦不能深知中国人，两者之间，固有重大区别。然而中国人尚能知自己文化，欧洲人对自己文化大都盲目。"在他看来，西方民族都有自己的特点和弱处：美国人博大、淳朴，但不深沉；英国人深沉、淳朴，但不博大；德国人博大、深沉，但不淳朴。所以，他们都难以理解真正的中国人和中国文明。比较而言，法国人在理解中国人和中国文明方面要强于其他民族，因为虽然他们不如美国人的心胸博大、英国人的心地淳朴、德国人的天性深沉，但是却有着接近中国人的灵敏，这对理解中国人和中国文明至为重要。

辜鸿铭认为，中国人和中国文化具有三种特质：深沉、淳朴、博大。此外，中国人还有一种特有的品质，即灵敏。这种无以复加的灵敏只有古希腊人和古希腊文化才有，在其他地方是看不到的。所以美国人如果研究中国文明，将变得深沉起

116

来；英国人将变得博大起来；德国人将变得淳朴起来。英、美、德三国如果研究中国文明、典籍、文字，勉强可以探寻到那种高尚的心思——灵敏。至于法国人，如果研究中国文明，便可获得一切——深沉、淳朴、博大和更完美的灵敏。总之，欧美人士研究中国文化、典籍、文字，一定能得到诸多益处。

通过《中国人的精神》一书，辜鸿铭向西方、向全世界宣扬了中国文化的精神和价值。书中辜鸿铭进一步发展了自己此前对中西方文明的看法。在向西方人展示了研究中国文化的途径和中国文化的境界之后，他特意在后面加了个附录《战争与战争的出路》，向世界展示中国文化才是真正能拯救世界的出路。他说，处于战争中的欧洲人民既要摆脱这场战争、又要挽救欧洲文明乃至世界文明的唯一方略，就是放弃他们之前的错误观念，采用中国的儒家文化，世界的新秩序将从此诞生。

《中国人的精神》从问世之日起，就在西方引起了轰动效应。西方各大报刊纷纷进行了报道、摘录和译载，评论界也把它当成了最热门的话题之一。接着，它又被译成德、法等主要欧洲文字，后来又有日文本出版。而辜鸿铭本人也在西方世界名声大噪。丹麦著名文学批评家勃兰兑斯曾评论说，这位"卓著的中国学者对于欧战及对于东西文化关系的思想"，足当引起欧洲人士予以深深思考。他还特别赞扬说，"较之欧洲人士通常所认识的大多数作家来说，辜鸿铭不可同日而语，值得更大的注意。"第一次世界大战前后的德国，甚至还掀起了一场不小的"辜鸿铭热"，不仅大学里有人组织"辜鸿铭研究会"，成立"辜鸿铭俱乐部"，他的名字还广泛流传于普通民众之口。1920 年到德国留学的沈来秋回忆说："到德国的第一年，我走过不少城市，接触过不少社会人士，包括劳动群众，他们一般都对中国人表示好感，对东方文化感兴趣。出乎我意料的是，辜鸿铭的名字流传于人口……这一时期，德国人士认为，可以代表东方文化的有两个人，除了辜鸿铭之外，便是印度的泰戈尔。泰戈尔只是一个诗人，而辜鸿铭除了是哲学家、文学家之外，还是一个政论家，对于德国问题有深入的了解和研究。"甚至，沈来秋还这样说道："彼时中国的社会知名人士，如蔡元培、梁启超等都到过欧洲游历，蔡元培并且在德国留学过。德国人对于他们的态度，一般是冷淡的，认为他们只是为了吸取西方文化的糟粕而来的，是卑不足道的。就德国人的眼光来看，他们的见解与辜鸿铭相比，是无共同之处的。"

在德国的这股"辜鸿铭热"中，还有两个起着推波助澜作用的特殊人物值得一提，一位是传教士出身的著名汉学家卫礼贤，另一位是哥廷根大学哲学教授奈尔逊。

卫礼贤与辜鸿铭早年即彼此熟悉，辛亥革命后在青岛成为挚友。早在1911年底，卫氏便已将辜鸿铭的《中国牛津运动故事》译成德文出版，名为《为中国反对欧洲观念而辩护：批判论文集》。同卫礼贤一样，作为新康德主义者的奈尔逊教授，也是辜鸿铭著作的译者。1917年，奈尔逊教授将大战期间辜氏以英文发表在各报刊上的5篇文章，翻译成德文并在莱比锡出版，书名为《呐喊》。

一位名叫嗣銮的中国留德学生回忆说，他也是1920年到德国留学的，学的是数学和物理学，其导师中，就刚好有奈尔逊教授。一次，奈尔逊教授约他到家中谈话。闲谈中，奈尔逊教授问他，在中国的时候是否读过辜鸿铭先生的著作。他说："辜氏的名字听过，但他的著作却从未读过。因为，一般人都说他是一个老顽固，所以我们青年人都不喜欢去理会他。"不想，奈尔逊教授听后竟大感诧异，说道："辜鸿铭先生的著作，我有幸读过几种。据我看来，他的哲学和思想，意义是很深厚的。他是我最佩服的中国学者。"说完，便随手从书架上拿了辜鸿铭的那三本德文译作，一一为之介绍。最后，奈尔逊教授还劝他说，不妨在空闲的时候读一读辜鸿铭的这些著述。隔了一段时间，奈尔逊教授又约他到家中。奈尔逊教授告诉说，最近他了解到辜鸿铭在北京生活困顿孤苦，想给他寄些钱去。但是，奈尔逊教授又担心辜鸿铭不会接受，问嗣銮是否能把这笔钱以辜鸿铭著作在德国的版税的名义寄出。嗣銮当下大为感动。临别的时候，奈尔逊教授又问起嗣銮上次所嘱咐的问题。他只好据实回答说，辜鸿铭的书买是买了，也读了一遍，但印象却很一般，而后来再也没有读过它了。奈尔逊教授十分失望，告诉他说："我读辜鸿铭的书，至今已经十几遍了。多读一次，便有更多的一次所得。大凡一本书，倘它只能够来读一遍便罢，那么它的价值必然是连读一次都不必。"又说："我希望你再来读一遍。相信，那时你的见解或许会与现在不同。"

叙述完这件事，嗣銮在文章中感慨地写道："在德留学六七年，这要算是刺激最深的一件事。"

身历两次复辟

如果说 1915 年出版的《中国人的精神》最能反映辜鸿铭的文化思想的话，那么 1916 和 1917 年发生在中国的两次帝制复辟，则最能反映辜鸿铭的政治理念。作为大清遗老的辜鸿铭，亲身经历过这两次复辟运动，但是其态度和做法却迥然不同。1916 年元旦前后，经过一系列的舆论鼓噪和实际准备，袁世凯在北京宣布称帝，改"中华民国"为"中华帝国"，国号洪宪。这是中华民国成立后的第一次复辟。袁世凯的称帝，遭到了大清遗老遗少们的一致反对和恶骂。因为他们虽然主张帝制且一直致力于复辟活动，但希望和追求的是恢复大清王朝的旧制，拥护逊帝宣统复位，而绝不是由袁世凯这个大清的"叛徒"来当皇帝。

辜鸿铭也是此中的重要分子之一。在他看来，袁世凯不光是"叛徒"，简直就是无赖、贱种而已，怎能配做万民尊崇的皇帝呢？所以在袁世凯称帝的那段时间里，辜鸿铭在各种场合经常对其破口大骂。后来，在全国各方的一片反对和唾骂声中，袁世凯做了83天的皇帝便被迫取消了帝制。再三个月，袁世凯终于因病和抑郁而一命呜呼。袁世凯死后，北洋政府下令全国致哀，停止娱乐三天。

辜鸿铭为袁的死深感痛快，也为北洋政府的做法大为光火。在全国停止娱乐的第一天，他就别出心裁地请来一个戏班，并请来许多中外好友一起观看。辜府之内锣鼓喧天，热闹非凡，犹如盛大节日一般，和"袁大总统"的举哀大典成了鲜明的对比。附近执勤的警察闻讯赶来，正要驱散人群，忽见前排一位拖着长辫的老头冲过来，对着他们一阵怒骂。管事的警察见在座的有许多洋人，知道这老头来路一定不小，不敢造次，于是赶快报告上峰。上峰惊疑之下，又直接上报给北京警察总监吴炳湘。吴炳湘让手下查看户籍登记，发现原来是大名鼎鼎的辜鸿铭，知道这老头名气大、脾气坏，还有很多洋人朋友，万一处置不当，就会带来麻烦。于是，便命人传下话去："不要惹他，且随他去好了。"就这样，在袁大总统的国葬期间，辜鸿铭家中唱了三天戏，也没人敢动他一根汗毛。可谓过足了瘾，出尽了风头，吐尽了对袁世凯的怨气。

然而，时隔一年半后，在"辫帅"张勋导演的复辟中，辜鸿铭却全力支持，而且自始至终参与进去。

1916年袁世凯死后，北洋政府以黎元洪为民国总统，以段祺瑞为国务总理兼陆军总长。段以北洋正统派首领自居，掌握

120

军政大权，与黎元洪分庭抗礼。后来，在中国是否参加第一次世界大战的问题上，黎元洪和段祺瑞爆发争端。最后，黎元洪解除了段祺瑞的职务，段祺瑞负气出走天津，组织力量与黎元洪相争。因一方为总统府，一方为国务院，所以它们间的争斗被称为"府院之争"。后来为调解总统府和国务院的这场争端，黎元洪邀请"辫帅"张勋入京斡旋。张勋于1917年6月带自己的"辫子军"进入北京城。7月，张勋发动政变，拥护清朝废帝溥仪在北京复辟。参加这次复辟活动的分子，最为主要的是张勋、康有为、万绳栻、梁鼎芬、辜鸿铭等十三人。因为和当年参加袁世凯洪宪帝制的"十三太保"人数相合，有人戏称这些人为"新十三太保"，其中辜鸿铭被任命为外务部侍郎，他的好友梁敦彦则被任命为外务部尚书，成为辜的顶头上司。

张勋拥戴溥仪复辟的行为招致了全国各界的一致反对。消息传出后，孙中山在上海发表讨逆宣言，各大城市群众团体、社会名流纷纷集会通电，要求讨伐张勋。段祺瑞借助全国反对复辟的声势，在天津组成讨逆军，誓师讨伐张勋。讨逆军很快杀入京城，张勋兵败被迫逃到荷兰使馆避难，溥仪再次宣布退位。这次复辟帝制的闹剧很快无果而终。经历了这次复辟活动后，辜鸿铭虽然不改忠清之志，但帝制幻想也就渐渐淡了。

1920年，张勋庆贺自己六十七岁生日。许多大清遗民都前来祝寿。在北京大学教书的辜鸿铭也特意为之送来了一副对联。张勋命人打开一看，上面是两句诗："荷尽已无擎雨盖，菊残犹有傲霜枝。"这本是苏东坡送给友人，安慰他不要懈怠失望、珍惜好时光奋发向上的诗，不想却被辜鸿铭做成祝寿对联。对于此中之意，一般人并不了解。

一年后的一天，辜鸿铭与胡适同席应酬。席间，辜鸿铭对胡适说："去年张少轩（勋）过生日，我送给他一副对子，上联是'荷尽已无擎雨盖',你猜下联是什么?"胡适想了好半天,想不出来,便问辜鸿铭。辜鸿铭说:"下联是'菊残犹有傲霜枝'。"胡适听了辜鸿铭所说的这副对联,突然想到了辜和"张辫帅"的都不肯剪去的辫子,不禁哈哈大笑起来。辜鸿铭见胡适大笑,便问道:"你懂得这副对联的意思吗?"胡适回答说:"所谓'傲霜枝',当然是指张大帅和你老先生都留着的那根辫子了。不过,'擎雨盖'是指什么我倒真的还不知道。"辜鸿铭解释说:"'擎雨盖'就是清朝的红缨大帽子嘛!"辜鸿铭对亡清的一片孤忠,由此可见一斑。

1924年,辜鸿铭终于以他的坚贞之心打动了还住在北京紫禁城中的废帝溥仪。一天,溥仪破例将他单独召入宫中觐见,并赐以午膳。这是辜鸿铭四十余年来唯一获得"皇帝"的召见。当时他已是六十八岁高龄。

后来,溥仪的外国老师庄士敦在他的回忆录《紫禁城的黄昏》中,曾经对辜鸿铭的这次入宫觐见有过记述和描写。其中写道:"这位老人在以前从未见过皇上。因此这种容典几乎使他受不了。当他进入餐厅时,仍然紧张得连话都说不出来(我以前见过他,但不知道他在正式场合会说不出话)。皇上那年轻人的朝气和自由随便的谈吐,也未能拨动对方的心弦。我旁听了这些话,毫无疑问,这是我从未听过的音乐般美妙的对话。皇上知道,它们已深深地印在这位老人的心里。"庄士敦也感到奇怪,一向能言善辩、落拓不羁的辜鸿铭,在觐见溥仪时居然会突然变得拘束和木讷,虽然在这个老师看来溥仪不过是个废帝,一个年轻人而已。

但正如庄士敦所言,辜鸿铭把这次觐见当成一生中最值得骄傲的事情。直到临终前,辜鸿铭仍对这次觐见皇上的美好回忆念念不忘。

第 4 章

教在北大

一、校园里的怪教授

辜鸿铭、蔡元培与北大

晚年的辜鸿铭，曾在北大任教多年，在这所百年学府的历史上，留下了自己的独特的身影。

辜鸿铭为什么会到北大任教，我们还找不到明确的解释。在民国初年，他以清朝遗老自居，穷困潦倒也不肯趋时，肯到学校教书，恐怕多少有为生计所迫的考虑。但是，那种认为辜鸿铭进入北大为蔡元培所聘任，是蔡先生"兼容并包"办学思想产物的流行说法，其实并不确切。因为据现有资料来看，至少在 1915 年，辜鸿铭便被北大聘为英文门（相当于现在的系）教授。蔡元培执掌北大期间只是把他作为自己办学原则所容忍的对象，续聘而已。

与辜鸿铭极熟的北大学生袁振英（笔名震瀛）曾回忆说："我在北大，由民国四年（1915 年）至民七到了毕业，差不多没有一天不同他见面……他常常很喜欢说笑话，大概老人家的性情有些类似小孩子吧。"

著名哲学家冯友兰曾回忆说，他 1915 年考入北大，在那一年开学典礼的大会上，就看见脑后拖着一条小辫子的辜鸿铭坐在主席台上，并亲耳聆听了他那别开生面的即席演说。当时代校长胡仁源作了一个简短的开场白后，英文门教授辜鸿铭便首先站起来发言了。他的发言很长，感情也很激动，主要是骂当时的政府和社会上的新鲜事。辜鸿铭的演说并不带稿子，也没有什么章法，基本上是想到哪儿说到哪儿，似乎完全是即兴式的。他说："现在做官的人，都是为了保持他们自己的饭碗。但是，一定要知道，他们那些人的饭碗，可跟咱们普通人的不同。他们的饭碗实在是大得很哩！那里不仅可能装洋楼，装汽车，还可以装姨太太。"

接着，他又变了一个话题说道："我们今天这个时代，简直变得越来越不像样子了，真可谓怪事多多。现在的人做文章都不通，不但句子不通，就连所用的名词都不通。譬如，就说今天很流行的'改良'这个词吧，以前的人都说'从良'，而没有说'改良'的。既然已经是'良'了，你还改什么？难道你是要改'良'为'娼'吗！"

就这样，辜鸿铭大约讲了一个钟头的时间。他讲完后，没有一个人发言。随后，开学典礼便也散了。新来的学生都觉得很奇怪，学校怎么请了这样一个怪人作代表呢？

1917 年初，刚刚留欧回来的蔡元培出任北大校长。当时的北大，作为全国唯一的国立大学，风气沉闷，官僚气浓，很多学生都将求学视为升官发财的捷径。蔡元培上任伊始就决定改变现状，将这座学府办成研究学问的场所。在就职演说中，他向全校学生指出："大学者，研究高深学问者也。""大学学生，当以研究学术为天职，不当以大学为升官发财之阶梯。"此后，蔡元培开始对北大进行一系列的彻底整改。一方面参照德国的大学体系，合理调整院系设置，开办研究所培养研究生，创办各种学会、讲演会，使得北大的学术空气很快浓厚起来，真正成了研究学术、培养人才之地。另一方面高度重视师资，大力延揽人才，聘请了很多知名的教授学者及其他有真才实学之士来北大任教，同时推行教授治校的民主管理体制。

在担任北大校长期间，蔡元培一直坚持"兼容并包，思想自由"的办学方针。他不但果敢地聘请了因创办《新青年》而闻名全国思想界的陈独秀为文科学长，还先后聘来了胡适、李大钊、钱玄同、刘半农、周作人等一批新派人物，使得北大很快成为当时新文化运动的大本营；与此同时，蔡元培也续聘和新聘了辜鸿铭、刘师培、黄侃、黄节等一批思想保守的学者，这些人是北大"旧派"的主要代表。在蔡元培看来，大学是思想自由之地，不能以成见取人，任何思想，只要言之成理，持之有据，就可以任其自由发展。在蔡元培的主持之下，短短几年时间，北大知名学者荟萃，各派人物群集，气氛自由活跃，面貌焕然一新。

辜鸿铭对蔡元培办理大学事务的大手笔和雷厉风行的举措颇为佩服，在他看来，一个大学的校长就当如是。在担任北大英文系教授期间，辜鸿铭对蔡元培始终表现出格外的尊重。这对于狂傲不羁的辜鸿铭来说，是件极少见的事情。

据周作人《北大感旧录·辜鸿铭》回忆，有一次北大举行文科教授会议，讨论有关课程的问题，蔡元培也亲自参加。会上，各位教授争先发言，气氛极为热烈，连蔡元培想站起来说句话都很难。一会儿，蔡元培又站起来想说话，辜鸿铭看在眼里，连忙高声叫道："都不要说话了！现在请大家听校长的吩咐！"看他那副宣布圣谕般的神气，在座的所有人不禁都觉得好笑。

　　五四运动期间，为表示对学生运动的支持和对当局的抗议，蔡元培愤然辞去了北大校长的职务。但北洋政府不为所动，六月三日更是派军警镇压学生，酿成血案。在这种情况下北大教授在红楼召开会议，除商讨救援被捕学生外，又专门讨论"挽蔡"一事。在群情激奋之中，很多人都表示，一定要设法挽留住蔡校长，但对如何挽留，一时却说不出个结果。正在商议之时，并不赞成学生运动的辜鸿铭，突地冒了出来，上台发言："诸位，校长是我们学校的皇帝，非得挽留不可。"

　　辜鸿铭后来又一次在课上向学生解释了自己如此推崇蔡元培的原因，他说："我以为，现在的中国只有两个好人：一个是校长蔡元培先生，另一个便是我。因为，蔡先生在清末点了翰林之后，并不肯做官，而是要革命，到现在还是革命；我呢，自从跟随张文襄做了前清的官之后，一意保皇，到现在还是保皇。"

众说纷纭的古怪教授

　　辜鸿铭每次到北大上课，都是当时校园的一道景观。北大著名的学生领袖罗家伦回忆，第一次课，辜鸿铭头戴一顶打着红帽结的黑缎瓜皮小帽，拖着一条用红丝线夹在头发里编起来的辫子，身上套着长袍马褂，脚蹬一双平底布鞋，大摇大摆地来到位于北大红楼的教室。在讲台站定后，辜鸿铭伸手拣一根粉笔，转身在黑板上写下自己的名字。那根辫子拖在后面，分外显眼。后来罗家伦和同学们开玩笑说，谁要想出名的话，只要把辜先生那根辫子剪下，第二天必定为报刊争先转载，名扬天下。但毕竟无人敢动手。

　　写完名字后，辜鸿铭对着学生宣布："我有三章约法，你们受得了的就来上我的课，受不了的就趁早退出：第一章，我进来的时候，你们要站起来，上完课我要先出去，你们才能出去；第二章，我问你们话和你们向我问话时都得站起来；第三章，我指定你们要背的书，你们都要背，背不出的不能坐下。"学生都认为第一第二章都容易办，第三章却有点困难，可是大家慑于辜鸿铭的大名，谁也不敢提出异议。

到正式上课的时候，学生们就知道这位老先生的怪诞有趣了。第一堂课，辜鸿铭就语出惊人："我讲英文诗，要你们首先明白一个大旨，即英文诗分三类：国风、小雅、大雅。而国风中又可分为苏格兰、威尔士……等七国国风。"他有时候说："我今天教你们外国的《大雅》。"有时候说："我今天教你们外国的《小雅》。"有一天，辜鸿铭更异想天开地说："我今天教你们洋离骚吧。"他拿出一本英文诗，原来这洋离骚是英国大诗人弥尔顿的一首悼亡诗——《Lycidas》，这是诗人为悼念在海边淹死的亡友而作的。

在课堂上，辜鸿铭经常要求学生背诵英文诗，并将苏格兰义父布朗当年教他的学习方法，向这些学生们兜售，说："像你们这样学英诗，是不会有出息的。我要你们背的诗文，一定要背得滚瓜烂熟才行。不然学到头，也不过像时下一般学英文的，学了十年，仅目能读报，仅手能写信，不过幼年读一猫一狗式之教科书，终其一生，只会有小成而已。"学生们只有依着他的意思，用功背诵洋诗。

辜鸿铭还向学生们强调英文翻译的重要。他在上课时曾对学生说："我们为什么要学英文诗呢？那是因为要你们学好英文后，把我们中国人做人的道理，温柔敦厚的诗教，去晓谕那些四夷之邦。"为此，他独出心裁地要学生把中国的《三字经》《千字文》译为英文。罗家伦回忆说，在辜鸿铭的班上，背书倒不是难事，最难的是翻译。因为要把"天地玄黄，宇宙洪荒"翻译成英文，简直比孙悟空戴紧箍咒还要痛苦。辜鸿铭往往让学生拿出几种译文出来比较，有时则是师生一起翻译，直到最后，他才肯拿出他示范的译文来。

不时地大发怪论，或骂人骂世，是辜鸿铭在北大课堂上的一大特色。有时他的观点倒有些别致，而有时则纯粹是怪论诡谈。

辜鸿铭经常会把自己对现实社会的种种不满拿到课堂上来发泄，在讲台上滔滔不绝，不是骂洋人，就是骂一班坏了君臣大节、礼义廉耻的乱臣贼子。1916 年初袁世凯复辟帝制的时候，辜鸿铭曾在北大的课堂上整整骂了一节课——从进教室的第一分钟开始，一直骂到下课为止。好在学生们大多数也都是反袁的，也愿意听他这骂声。对于他眼中那些自命有大学问的大学教授们，辜鸿铭也毫不客气，认为："有的所谓大学教授，自以为有多么大的学问，实则腹中空空如也。今日世界所以扰扰不安，非由于军人，乃由于那些大学教授和衙门役吏。"至于当时新文化运动期间被新派人物奉为圭臬的民主思想，辜鸿铭则大加嘲讽。一次在文章里辜鸿铭又用拆字法解释英文的民主一词："英文 democracy（民主），乃是 demon-cracy，也就是魔鬼加疯狂的意思。"

但是，作为一个教授，辜鸿铭在北大的教学水平和效果到底如何，评价似乎并不一致。前文所提到的罗家伦，曾在 1919年 5 月 3 日——也就是五四运动的前一天——上书学校，要把老师辜鸿铭赶下北大的讲台。罗家伦在信中列举了辜鸿铭上课的四大罪状：第一，每次上课，教不到十分钟的书，甚至于一分钟不教，次次总是鼓吹"君师主义"；第二，上课一年，所教的诗只有六首零十几行；第三，大骂西洋近代新诗为胡闹，不给学生讲授；第四，讲英文诗时不解释它们的精神，却总拿中国古诗比附。最后，罗家伦直接表示，虽然蔡校长优容辜鸿铭，但是这种人在北大简直就是贻误学生，空耗青年学生的时光精力。

从罗家伦的这封"上书"中我们可以看到，他对于当时号称中国"英文第一"的辜鸿铭在英语教学水平上的评价是颇低的。后来陈独秀等人就据此拿辜鸿铭一年内只讲"六首零十几行诗"的事情来攻击辜。不过罗家伦的一面之词，并不足以成为评价辜氏在北大教学效果和影响的唯一凭证。实际上，罗家伦的这封信中，个人感情色彩过于浓厚了些。作为当时北大学生中最热衷于新文化运动的代表，对于守旧复古的辜鸿铭，罗家伦是比较反感的。而反过来，辜鸿铭对像罗家伦这等"新青年"也绝无好感——既不喜欢他们在新文化运动中的行为，也反对他们发起学生运动。这种思想的分歧和态度的对立，使得他们之间出现了些个人的恩怨。著名报人张友鸾先生就曾生动地记述辜鸿铭和罗家伦之间互相"讨厌"的故事。据他说，辜鸿铭这位"名教授"因反感罗家伦这位"名学生"好出风头，不好好学英文，故上课时"十回有八回叫着罗家伦的名字，要他回答"。而罗家伦呢，对于这英诗课既无兴趣，英文底子又很差，每次点到他名字的时候，"有时胡乱回答一通，有时简直就说'不知道'"。有一回，辜鸿铭听了他的回答很不满意，便当堂加以训斥。因为话说得很重，罗家伦有些难堪，就站起来辩解。结果招致辜鸿铭大怒，拍着桌子说："罗家伦！不准你再说话！如果再说，你就是 WPT！"罗家伦被吓得愣住了，没敢再言语，但却搞不懂辜鸿铭骂他的话什么意思。后来他请教和自己关系很好的老师胡适，"WPT"三个英文字母究竟作何解释，结果胡适也说不上来。罗家伦不服气又没办法，就找了个机会问辜鸿铭："上回老师不准我说话，骂我 WPT。这 WPT 是什么意思，我到现在还不明白。请老师告诉我，这是哪句话的缩写？出在哪部书上？"辜鸿铭一抬眼道："你连这个都不知道吗？WPT，就是王、八、蛋！"此言一出，哄堂大笑。罗家伦恨得牙痒，却无可奈何。张友鸾最后还强调："北大学生，没有一个不知道罗家伦就是'WPT'的。"

和对辜鸿铭的反感不同，罗家伦等新潮学生对同为英文门教授的新派人物胡适则是非常的亲近、敬仰和崇拜。在当时的北大英文门内，辜鸿铭与胡适不仅是思想上的对手，也是教学上的竞争者。据说，当年胡适由美国归国初到北大时，学生们对他上的哲学课十分感兴趣，以至于教室经常拥满不说，有时连窗外也围了不少人来听。但是，辜鸿铭这样的留学前辈却不把胡适放在眼里。一次，适逢辜鸿铭从教室旁边经过，看到学生围听胡适讲课的盛况，大为不满，说："胡适这小子，不过只能说些美国中下层的英语罢了！大家都知道，古代哲学以希腊为主；近代哲学以德国为主。但我听说胡适对德文和拉丁文却一窍不通，这样的人教哲学，那不是骗人吗？"

辜鸿铭教过的学生当中，有不少人是坚决"挺辜"的。和罗家伦同在北大读书并很有影响力的学生袁振英、李季等人对辜鸿铭的评价就都很高。当时两人分别担任英文门的班长和副班长，英文造诣也较高。李季并不赞成辜鸿铭保守的思想态度和政治立场，却极为佩服其学问、人格魅力和教学方法，大赞辜鸿铭乃"全中国英文学巨擘""为人极严正、刚直、廉洁，不独擅长外国文学，并精研西洋的历史，素为世界有名的学者所推重"，表示在北大的几年间与辜鸿铭"关系最深，得益也最大"。而袁振英对于辜鸿铭，更是极端钦佩和服膺。他在几篇关于辜鸿铭的纪念文章中都大赞辜氏高超的外文修养和诙谐有趣的教学方法，认为辜氏"很得学生爱戴，胡适之先生也比不上。因为北大在五四运动以前，还有许多学生反对新思潮的"。在文章的最后，袁振英甚至不无痛惜地写道："辜先生已矣！我们的同学当中，还没有一个能升堂入室，就是在中国再想找到第二个辜鸿铭先生，恐怕还不知道什么时候会有呢！"并且痛悼辜鸿铭说："我不只为辜先生一生潦倒哭，只为中国的文学界悲！"

二、新思潮的抗争者

新旧派交锋的靶心

北大时期的辜鸿铭，除了以言行的怪诞知名外，最广为人知的是他的身份——公认的守旧复辟阵营的代表人物。新文化运动的领袖人物陈独秀就认为辜鸿铭是位君主论者，"很可笑""复古向后退"的怪物；另外以"老顽固""老古董""腐儒"等称呼辜鸿铭的也不乏其人。蔡元培虽然力排众议聘请他为教授，但是也认定辜鸿铭在政治上是个持封建复辟论者。

其实，认为辜鸿铭是守旧复辟阵营的代表人物的观点，是有可推敲之处的。辜鸿铭与同样是复古保守人物的刘师培、黄侃、黄节等人之间，其实并没有思想和组织上的联系，更没有结成一个守旧的阵营，这是和新文化运动中的新派人物不同的。刘师培、黄侃、黄节等人原多出自章太炎门下，属"国粹派"余绪。而当年的"国粹派"其实是清末资产阶级革命派的一支，其成员多具有深厚的传统学术根底。在政治思想上"国粹派"是主张排满革命、救亡图存的，认为只有这样，才能复兴中国固有文化，并从中发掘和保存中国传统文化的精髓，也就是所谓的"国粹"。正是因为这种政治上的对立，使得刘师培等人耻于和复辟派人物为伍，辜氏也不喜欢他们，从来不向他们所办的专与《新青年》杂志为敌的《国故》月刊投稿。

此间，在社会上影响较大的旧势力代表，还有由康有为、陈焕章等人纠合部分遗老组成的"孔教会"。辜鸿铭虽然尊崇孔子及中国传统儒学，但因为厌恶康有为由来已久，也从来不与他们联系。甚至在许多场合他还公开大骂康有为和陈焕章，常常对人说："康有为算什么东西，乱臣贼子也。"又说他根本不配来尊孔，自命"康圣人"，实则"康小人"。又说"'陈焕章'应当读成'陈混账'"。

由此我们不难看出，当时的旧派确实作为一种势力存在，而且形形色色，但是他们相互之间在学术流派和政治思想上又存在根本分歧和对立，并没有在整体上形成一个所谓的旧派阵营。在北大任教期间的辜鸿铭，常常是独来独往，不太与别人交往，并没有得到一种来自守旧阵营的支持。

1918 年春，"东方文化派"主将、著名的文化保守主义者杜亚泉，从日本一家刊物上看到了《中西文明之评判》一文，其中介绍了辜鸿铭的著作。6 月，杜亚泉在他主编的《东方杂志》翻译发表了这篇文章，对 1915 年辜鸿铭《中国人的精神》一书的出版在西方引起的反响作了报道和评论。同时，杜亚泉还以伧父为笔名，在《东方杂志》上登载了《迷乱之现代人心》一文，文中认为民国以来，国是丧失，精神破产，实在让人痛心。中国的现实出路只有一条，那就是保持中国固有文明，并以之为线索融会外来文明。文中也特别引用了辜鸿铭的观点。

《东方杂志》的文章登出后，很快受到来自新文化运动阵营的反驳。先是当时任北大图书馆主任的李大钊出面撰文，指责辜鸿铭著作中的思想观点，纯系"陈腐面陋之谈"，尤为

"最无价值之梦话"。李大钊还嘲讽地说："中国二千五百年文化所种出一辜鸿铭先生，已足以扬眉吐气于二十世纪之世界。"后来，新文化运动的主帅陈独秀亲自出马，在《新青年》上发表《质问〈东方杂志〉记者——〈东方杂志〉与复辟问题》一文。文章洋洋洒洒五千余言，一口气向杜亚泉提出了十六个问题。在文中，陈独秀一方面揭露了杜亚泉对辜鸿铭的婉转吹捧，指责杜亚泉其实是辜氏的同志；另一方面，据理反驳了辜鸿铭中西之论中种种偏激不实之处，并将辜鸿铭列于康有为、张勋等复辟派人物之首，给以猛烈抨击。此后，陈独秀又发表几篇文章，批判《东方杂志》维护君道臣节、名教纲常等封建制度与封建伦理，反对西方文化的立场。杜亚泉也不甘示弱，撰文反驳。双方在东西方文化根本区别与优劣等问题上，展开了一场论战。

这次东西文化论战，使得陈独秀和《新青年》杂志很快在全国树立起了反封建的激进形象，而杜亚泉在压力之下最终选择了沉默。论战中，辜鸿铭已经被视为复辟派的代表人物，成为陈独秀等人攻击的靶子。

1919 年 3 月，因为对新文化运动不满，林纾致函蔡元培校长，疾言指斥新文化运动"覆孔孟，铲伦常"，骂白话文运动是"尽废古书，行用土语为文字"，同时攻击当时北大的教育理念和办学方针，指责蔡元培袒护陈独秀、胡适等新派人物。这就是有名的《致蔡鹤卿太史书》。

同一天，蔡元培回函反驳林纾和外间对北大的种种攻击，并专门阐释他的办学宗旨和方针。蔡元培明确表示："对于本校教员，只以其学诣为主，至于其在校外之言论，则一概听其自由。"他还举例道："例如复辟主义，民国所排斥也。本校教员中，有拖长辫持复辟论者，以其所授为英国文学，与政治无涉，则听之。筹安会之发起人，清议所指为罪人者也，本校教员中有其人，以其所授古代文学，与政治无涉，则听之。"

明眼人一看就知道，蔡元培这里所说"筹安会之发起人"，是指刘师培；而那个"拖长辫持复辟论者"，就是辜鸿铭。蔡元培的函中，已经把辜鸿铭明确定性为政治上的"持复辟论者"，其著名的"兼容并包"主义只是对辜鸿铭学术水平的肯定罢了。

奇怪的是，作为当事人的辜鸿铭，在这两次事件当中均无动于衷，从未曾公开发表过自己的看法。他是不知情呢还是另有考虑，这个问题由于史料缺乏，现在无法作出解释。

反对文学革命

不过，辜鸿铭和新文化运动的主将胡适之间，则发生过直接的交锋。

1919 年，辜鸿铭连续发表了《反对中国文学革命》和《归国留学生与文学革命》两篇文章，反对新派阵营提出的文学革命。两篇文章广义上看是冲着新文化运动而发的，实际上则有直接针对着胡适的色彩。

当时，美国人在华办的《密勒氏评论报》，要向西方读者介绍中国目前的文学革命运动。因为胡适和辜鸿铭两人都很熟悉英文，在文学和思想主张上又截然相反，于是报纸便同时邀请两人作为正反双方来发言。这样辜鸿铭就有了一个发表他对文学革命看法的机会。

在《反对中国文学革命》一文中，辜鸿铭针对新文化运动中文学革命论者把中国古文（文言文）斥为"死文字"之说，发表了截然不同的看法。辜鸿铭认为所谓"死文字"有两种理解，一是指已经消失不复使用的意思，一是指笨拙、呆滞，缺乏生机活力的语言。但是中国古文绝不符合这个定义。和古希腊语和古拉丁语不同，文言文到今天还在许多场合公开使用。另外，正如莎士比亚典雅的英语比现在所流行的通俗英语要高贵华丽一样，中国古文和市井白话当然不可同日而语。中国文字之高雅是世界首屈一指的，怎可能是"死文字"呢？

他更有意攻击胡适说，"中国目前的这一代留学生"，已经变成了"外表标致的道德上的矮子"，矮到连对他们自己民族语言中的那种高雅也不能鉴赏、无从知晓、甚至干脆感受不到的地步了。

在《归国留学生与文学革命》中，辜鸿铭先是打了一个比方说，没错，白话文确实比高雅的文言文更普及些，就如同那种通俗的英文要比莎士比亚的典雅英文流行更广些一样；不过，"在世界各地，面包和果酱的消费远比烤火鸡要大得多也是事实，但是，我们却不能因此就认为，烤火鸡不如面包和果酱味道鲜美并富于营养，而都应该只去吃面包和果酱"。以此来反对胡适等文学革命论者用白话文取代文言文的主张。

由反对提倡白话文的文学革命出发，辜鸿铭更进一步，甚至走上另外一个极端——反对普及教育，反对识字扫盲，反对庶民参政！他反驳文学革命论者攻击文言文难学造成中国众多文盲的观点，认为这些留学生能够在国内愉快生活，"应该为中国四亿人口中的90%仍是文盲这件事每天感谢神。因为想想看，如果四亿中国人中有90%的人识字，那将会出现什么样的结果啊！"他尖刻地写道："假若在北京，苦力、马夫、司机、理发匠、船夫、小贩、无业游民和流浪汉，诸如此类的人全部都变成知识分子，并且和北京各大学学生一样参与政治，那将是一副多么美妙的景象！据说，最近已有五千件电报拍往巴黎的中国代表那里，如果四亿人口中90%的人变为知识分子，并且变成和留学生一样的爱国者，那就请计算一下拍发的电报件数和所耗费的金钱吧。"

辜鸿铭的文章发表之后，1919年8月3日和27日，胡适在《每周评论》上以"天风"为笔名，发表了两篇题为《辜鸿铭》的"随感录"，对辜鸿铭展开反攻。但他似乎不屑于与辜氏展开学理讨论，而有意采取了"诋毁"其人格的做法。胡适认为，辜鸿铭拖着大辫子、大谈尊王的背后，不过是标新立异的心理支配罢了："现在的人看见辜鸿铭拖着辫子，谈着'尊王大义'，一定以为他是向来顽固的，却不知辜鸿铭当初是最先剪了辫子的人。当他在壮年时，衙门里拜万寿（慈禧太后寿辰），他却坐着不拜。后来人家谈革命了，他忽然把辫子留起来；辛亥革命时，他的辫子还没有养全，他带着假发接的辫子，坐着马车乱跑，很出风头。这种心理很可研究。当初他是'立异以为高'，如今竟是'久假而不归'了。"

胡适文章发表的这天，正好是星期天。胡适因事到北京车站附近的一个朋友处拜访，晚上同到附近一家馆子用餐。碰巧辜鸿铭也同七八个朋友在这家小馆子里吃饭，正在高谈阔论。胡适一进门，便看到了脑后拖着辫子的辜鸿铭，于是就把身边带的一张《每周评论》递给他看。大概是看自己写得如何，故意要试试辜鸿铭的反应吧。辜鸿铭接过报纸，略略看了一遍，便掉过头来对胡适说："胡先生，你这段记事不确切。让我告诉你我辫子的故事吧。想当初，我父亲送我出洋时，把我托付给一位苏格兰教士，请他照管我。临行时，父亲嘱咐我：'现在我完全把你交给布朗先生了，你什么事都要听他的话，只有两件事你要记住：第一，你不可入耶稣教。第二，不可剪辫子。'我到苏格兰后，跟着我的保护人，过了许多时日，每天出门，街上小孩子总跟在我后面叫喊：'瞧呵，支那人的猪尾巴!'我却总想着父亲的教训，忍受着侮辱，始终不敢剪辫子。那个冬天，我的保护人到伦敦去办事，一天晚上我去拜望一个女朋友，她拿起我的辫子来赏玩，说中国人的头发真黑得可爱。我看她的头发也是浅黑的，为了讨好她，便鼓起勇气对她说：'你要肯赏收，我就剪了送你。'她笑了，我就拿过一把剪刀，咔嚓一下，把我的辫子剪下来送给她了。这就是我最初剪辫子的故事。可是拜万寿，我是从来没有不拜的。座中这几位都是我的老同事，你问他们，我什么时候没有拜万寿牌呢？"胡适在文章中所写的事情本来就是听别人说的，现在见辜鸿铭来澄清，知道自己确实是搞错了，便对辜鸿铭说："对不起，看来是我弄错了，我向你道歉。"

说完，胡适回到自己的座位上，远远看见辜鸿铭把那份报纸传给同坐客人看。等到吃完饭，胡适因为只带了这份报纸，便走过去问他讨回。也许受了同座几位的怂恿吧，辜鸿铭突然站了起来，把那张报纸折成几叠，往兜里一插，正色说："胡先生，你在报上诽谤了我，你得在报上向我正式道歉。如若不道歉，我要向法庭控告你。"胡适见辜鸿铭如此，忍不住笑了，说："辜先生，你说的话是同我开玩笑，还是恐吓我？要是恐吓我，那么请你去告状，我要等到法院判决了，才向你正式道歉。"后来，辜鸿铭当然没有去法院状告胡适。

这次冲突约半年多以后，两人再次相遇，胡适故意逗辜鸿铭说："辜先生，你告我的状子递进去没有？"辜鸿铭正色道："胡先生，我向来看得起你，可是你那段文章实在写得不好啊！"

讥讽北洋时局

栖身北大的辜鸿铭，还是改不掉他讽时骂世的习惯，对时局的发展极为关注，经常发表尖锐的批评。

1917 年张勋复辟时，中华民国的第一届国会被解散。同年，段祺瑞驱逐张勋之后，自任国务总理，操纵了北洋政府。但是因为民元国会曾反对段祺瑞参加欧战的提议，所以段执政后迟迟不肯恢复国会。段祺瑞指使其手下亲信收买拉拢临时参议院的议员，逐渐形成了一个为皖系所控制的政客集团。

皖系操纵临时参议院，颁发了新的国会选举法。选举法中有一条特别规定，部分参议员必须由中央通儒院选举产生，国立大学教授和在国外大学得到学位的人，都有选举权。于是一些热衷于当议员的人，一方面四处活动拉拢，或者干脆兜买文凭，拿去登记投票。留学生的国外文凭一时炙手可热，有的人干脆把文凭投放到市场上叫卖。当时的市价是每张文凭可卖到两百元，一些聪明人又变着法子生财，比如文凭上的姓名是 Wu Ting，第一次可报"武定"，第二次可报"丁武"，第三次可报"吴廷"，第四次可说是江浙方音的"丁和"，这样一来，原价两百元的文凭，最后竟然可以卖出八百元的价格。

辜鸿铭这样的名人，北大的教授，手里又有不少各国的洋文凭，所以早有人瞄上了。选举前，某君找到辜鸿铭，希望辜鸿铭选举时投他一票。不料，辜鸿铭说："我的文凭早就丢了。"某君吹捧说："谁不认得你老人家？只要你亲自来投票，用不着文凭。"辜鸿铭张口要价道："人家卖二百块一票，我老辜至少要卖五百块。"某君讨价还价说："别人二百，你老人家三百。"辜鸿铭说："四百块，少一毛钱不来，还得先付现款，不要支票。"某君嫌要价太高，但又念及辜鸿铭的名声，正想进一步还价。辜鸿铭火了："拿不出钱，还想买我老辜一票？出去！"某君见势不妙，赶紧说："四百块钱就四百快，依你老人家，可是投票时您可一定要到场啊。"

选举的前一天，某君果然拿着四百元钞票和选举入场证来找辜鸿铭。付过钱后，某君又再三叮嘱辜鸿铭明天务必到场。谁知等此人走了后，辜鸿铭立刻赶下午的快车到了天津，到了一家妓院。两天后，辜鸿铭快活完了，钱也花光了，便回到北京。刚进家门，便听家人说，那个人已经来过几趟，说是要找辜鸿铭算账，临走留话说还会再来的。

某君果然找上门来。一进门就指着辜鸿铭大骂，说他无信无义，骗人钱财。辜鸿铭早有准备，抄起一根棍子，指着这个小政客骂道："王八蛋，你瞎了狗眼，居然敢拿钱收买我！你这种人也配讲什么信义，给我滚出去！从今以后，不要再上我门来！"说罢，举棍便打过去，此人被吓得仓皇而逃，哪还敢再提什么还钱的事。

还有一次，在北京的宴会上，来宾都是一些社会名流和政界大人物。有一位外国记者采访辜鸿铭，问他说："中国国内的政局如此纷乱，有什么法子可以补救吗？""有！"辜鸿铭拿起筷子朝着满屋子的政要名流指点道："法子很简单，把在座的这些政客和官僚全都拉出去枪毙掉。"

嘲笑西方与外国人

不光是讽时骂世，辜鸿铭也在继续地骂洋人。

1920 年，美国《纽约时报》的星期杂志上登载了辜鸿铭的一篇论文，题目为《没有文化的美国》。文中辜鸿铭毫不留情面地批评美国文学，说美国除了爱伦·坡之外，没有一首好诗。报社还在文中插入了辜鸿铭的一幅漫画像：穿着前清的顶戴朝服，后面拖了一根大辫子。说实话，辜鸿铭自己也没有想到像《纽约时报》这类在美国颇具权威的大报会将自己的文章全文登出，而且还有这种幽默感。当然，辜鸿铭也知道，美国人虽然有这种雅致，喜欢人家骂他，而且愈骂得痛快他愈觉得舒服，但是前提是你骂的技术要够巧妙。像英国的王尔德、萧伯纳都是用这一套方法得到美国人的崇拜。

辜鸿铭一生最痛恨的除了中国人崇洋之外，就是洋人歧华。只要有机会，他是毫不留情的。关于辜鸿铭嘲笑西方文化和捉弄洋人的事例有很多，其中流传最广的大概是关于数落毛姆的事了。毛姆是 20 世纪英国著名的文学家和戏剧家。1920年，他出国游历来到北京。当时毛姆正值创作高峰，声名远播。而他来北京的目的之一，就是想拜见一下辜鸿铭。在毛姆心中，辜鸿铭是一个近乎神话的人物——"声高望重的哲学家""中国孔子学说的最大权威"、精通英语和德语等多国语言、担任过慈禧太后手下最大大臣的秘书多年……毛姆将自己的愿望告诉了接待他的朋友，希望他立刻安排辜鸿铭与自己见面。结果好几天过去了，辜鸿铭那边一点动静也没有。毛姆问朋友是怎么回事，朋友耸耸肩说："我开了一张条子给他，请他过来坐。我不晓得他为什么不来。他是个倔强的老头子！"

毛姆听他这么一说就知道坏了——怎么能以这么傲慢的态度对待一位哲学家呢？他立刻以最客气的语气写了一封信，请求拜见辜鸿铭。结果两个小时之后，毛姆就收到了辜鸿铭的回复，约好第二天见面。见面之后，毛姆看清了眼前这位神话人物，年事已高，高个儿，脑后一根细长的灰色小辫，两眼炯炯有神，厚眼睑，牙齿已有些脱落了，而且泛着黑色；瘦骨嶙峋，手小而纤细，像鸡爪一样；服饰如传说中的一样邋遢。

谈话刚开始，毛姆便遭到辜鸿铭的一阵抢白："你想来看我，我深感荣幸。你的同胞专同苦力打交道，他们以为，中国人不是苦力就是买办，两者必居其一。他们以为，只要一招手，我们非来不可。"毛姆知道辜鸿铭是对朋友的那封信记在心里，便开始说恭维话。这显然让辜鸿铭非常受用。很快他的神态便恢复了自然，语气也开始和缓了。他把自己的著作拿给毛姆看，说："我在德国得了博士学位，你知道。后来在巴黎攻读过一段时间，但最早，我是在爱丁堡大学求学的。恕我直言，英国人最缺少哲学方面的才能。"毛姆不服气地说："我们也有过哲学家，他们对于思想界也并非全无影响的。""休谟与伯克利？我在牛津的时候，在那边教书的哲学家们生怕触犯了他们的神学同事。他们不愿意遵循自己的思想以谋得合乎逻辑的结论，只怕危及了自己在大学社会中的地位。"毛姆问道："现在美国在哲学方面的造诣，你研究过没有？""你可是说实用主义吗？那是愿意相信不可信的东西的人最后一个避难所。我需要的与其说是美国哲学，倒不如说是美国石油。"

之后，辜鸿铭尖酸刻薄劲上来了，开始滔滔不绝地谈下去。他越说越激动，后来几乎是对毛姆喊道："你们可晓得你们在做些什么？你们凭什么理由说你们比我们好呢？你们的文字或艺术比我们的优美吗？我们的思想家不及你们深奥吗？我们的文化不及你们的精巧，不及你们的繁复，不及你们的细作吗？当你们穴居野外茹毛饮血的时候，我们已经是进化的人类了。你可晓得我们试过一个在世界的历史上是唯我独尊的实验？我们企图不以武力管理世界，而用智慧。许多世纪以来，我们都成功了。那么为什么白种人会轻视黄种人呢？我来告诉你，因为白种人发明了机关枪。那是你们的优点。我们是赤手空拳的群众，你们能够把我们完全毁灭。你们打破了我们的哲学家的梦，你们说世界可以用法律和命令的权力来统治，现在你们在以你们的秘密教导我们的青年了。你们用你们那可恶的发明来压迫我们。你们不晓得我们有机械方面的天才吗？你们以为我们要花很长的时间才赶得上吗？当黄种人也会造枪的时候，你们便会怎么样了？你们喜欢机关枪，你们也将被机关枪判决！"

就这样，辜鸿铭近乎愤怒地发泄着他对于来自西方的民族和文化歧视的不满。毛姆一句话也插不上，只得洗耳恭听着。直到辜鸿铭的小女儿走了进来，才为毛姆解了围。辜鸿铭用手臂搂起孩子，然后提高声音对毛姆说："这是我的宝贝女儿。她是辛亥年出世的，是大清国覆灭的最后一朵花。"之后，他转而将脑后的辫子拿在手里说："我的这根辫子也是一个标记。我算是大清国的最后一位代表。"当毛姆执意要告辞时，辜鸿铭又特意送了一首诗给他。后来毛姆通过朋友的翻译才知道，这居然是一首有意戏耍自己的狎妓诗。

1923年，胡适的老同学王彦祖邀请法国著名汉学家戴密微吃饭，并且请了另外一位法国记者、胡适、辜鸿铭和徐墀等人作陪。地点是在以白肉闻名京城的老字号"砂锅居"。正当戴密微吃得津津有味的时候，辜鸿铭忽然用手在客人的背上一拍，说："先生，你可要小心！"戴密微冷不防吓了一跳，问他为什么。辜鸿铭恶作剧地说："因为你坐在辜疯子和徐癫子的中间！"大家听了，哄堂大笑。原来戴密微左边坐的是辜鸿铭，右边坐的是徐墀，"辜疯子"和"徐癫子"就是这两个人当时的绰号。然后辜鸿铭开始高谈阔论。过了一会，他又指着座中两位法国客人发起议论来，说："先生们，不要见怪。我要说你们法国人真有点不害羞，怎么把一个文学博士的名誉头衔送给了×××（引者注：当时的法国总统）！×先生（引者注：指那位记者），你的□□报上还登出了×××的照片，坐在一张书桌边，桌上堆了一大堆书，题作《×大总统著书之图》。呃，呃，真羞煞人！我老辜向来佩服你们贵国——La belle France（法国小说家）！现在真丢尽了你们的 La belle France 的脸了！"言下大为瞧不起。

两位法国人听了他这番话，很是不安，那位报社记者尤其面红耳赤，只得硬着头皮为他的政府辩护几句。辜鸿铭不等他说完，就打断他的话，说："这位先生，你别说了。有一个时候，我老辜得意的时候，你每天来看我，我开口说一句话，你就说：'辜先生，您等一等。'你就连忙摸出铅笔和日记本子来，我说一句，你就记一句，一个字也不肯放过。现在我老辜倒霉了，你的影子也不上我门上来了。"那位法国记者脸更红了，讪讪地不知所措，主人王彦祖见辜鸿铭这副架势，空气太紧张了，只好出来解围，提议大家散坐。

据林语堂说，有一次他的朋友去北京真光电影院看电影，看到辜鸿铭也在那里，其前排坐着一个光头的苏格兰人。辜鸿铭想点上自己的中国长烟斗，却发现火柴用完了，于是就用长烟斗和手指轻轻地敲击那个苏格兰人的光头，平静地说："请点着它！"正专心看电影的苏格兰人显然被这个怪老头吓坏了，不知所措，无奈之下只好遵命。对此，林语堂评价道，那个时候"白人在中国到处受到尊敬，辜鸿铭却以羞辱白人来表示中国人是优越的"。

林语堂的评价在某种程度上点出了问题的本质。辜鸿铭一生当中激烈地反对西方、不无偏激地嘲讽西方文明以及有意无意捉弄洋人的行为，很大程度上含有抗议近代以来西方国家和西方人对中国的歧视、捍卫中国的民族和文化的色彩。诚然，当时的中国在国家实力、社会发展程度、科学技术等许多方面落后于西方，这是事实。但落后本身却不应成为西方对中国人和中国文明进行歧视的道德理由。中国毕竟还是千年文明古国，不乏自己有价值的文化传统和民族特长，它完全有资格赢得西方应有的尊重。当某些西方人已经习惯了对中国人和中国文化的歧视，甚至还已经习惯了中国人对此所抱以的沉默的态度时，辜鸿铭却站了出来，反其道而行之。他不停地嘲笑西方文化，不懈地"教训"和"歧视"西方人。

大师们的交往

当然，辜鸿铭并不是一味地嘲讽和捉弄外国人。对于同情和理解中国、懂得欣赏和尊重东方文明价值的西方人，以及那些东方国家当中的志同道合之士，辜鸿铭其实是很乐于结交并甚至于建立深厚情谊的。

1906年3月，辜鸿铭曾将自己的《日俄战争的道德原因》和《尊王篇》两本书，委托俄国驻上海总领事勃罗汇斯基带给托尔斯泰。托尔斯泰是闻名世界的大文豪，具有深厚人道主义思想，是个道德淑世主义者。当时托翁已经七十八岁高龄，但是在收到辜鸿铭的著作及附信后，还是认真做了阅读。同年9，10月间，托尔斯泰亲自写了一封长信给辜鸿铭。在这封近万言的长信的开头，托尔斯泰说："我收到您的书，并怀着极大的兴趣将其读完，特别是《尊王篇》。"接着，托尔斯泰表达了自己对中国的向往和关注之情，谴责了包括俄国在内的西方列强对中国野蛮的掠夺和侵占。另一方面，他又希望中国人民要"镇静"和"忍耐"，不要学"欧洲的强盗"的模样把自己武装起来，以武力对抗暴力，做出违背中国人的道德学说和觉悟的事情。托尔斯泰尤其告诫中国人不要放弃自己原来的生活，去学习西方民族的物质主义文明。这封信以《致一个中国人的信》为标题，先后在德国的《新自由报》和法国的《欧罗巴邮报》上公开发表，并于1911年译成中文，登在我国的《东方杂志》上，引起了很大反响，使得辜鸿铭的声誉大增。1908年8月6日，托尔斯泰八十大寿之时，辜鸿铭因与托尔斯泰的友谊，文艺界人士公推他撰写中英文祝寿文，通电祝贺托尔斯泰寿辰。这份辜氏签名的贺词至今仍然保存在莫斯科托尔斯泰博物馆。在此之后，托翁和辜氏二人仍有联系。1908 年 10 月，辜鸿铭将他所译的《中庸》和《大学》寄给托尔斯泰。托尔斯泰收到后当即阅读，并把这件事写进日记中。后来，托尔斯泰把辜鸿铭称为自己的"东方知音"。辜鸿铭同托尔斯泰的文字交往，成为中俄文化交流史上的一段佳话。

1924 年 4 月，印度著名诗人泰戈尔来华。此次来华，泰戈尔受到讲学社、新月社成员的热烈欢迎，并由徐志摩负责接待和安排他在中国的一切活动。在中国，泰戈尔先后抵达上海、杭州、南京、济南、北京、太原、武汉等地，并发表了大量即兴演说，在当时中国知识界引起不小的轰动。虽然，由于当时中国特殊的政治和文化环境，泰戈尔的中国之行受到某些人的反对，使得这次访华活动最终以令人遗憾的结果告终。但是，对于辜鸿铭来说，泰戈尔的到来却为他提供了难得的和这位印度诗哲进行思想和学术交流的机会。在北京，这两位为亚洲民族主义鼓与呼的哲人、东方文化的代表坐在一起，深入探讨了宗教、哲学和东西方文明等问题。两个人在思想上有那么多的共同之处，但是辜鸿铭还是直率地对泰戈尔说："你没有资格讲东方文化，因为你不懂《易经》里那种最高深的真理，你最好还是去写你的诗吧！介绍东方文化的工作还是让我来做吧。"后来，辜鸿铭和泰戈尔在清华大学工字厅一起合影留念。

第 5 章

抑郁而终

　　辜鸿铭是何时最终离开北京大学的，由于没有明确的资料记载，现在还难以确定。但是，自 1920 年下半年之后，北大英文系的课程表上，就已经不再有辜鸿铭的名字了。有学者认为，1920 年，因为各种原因，辜鸿铭已被北大正式解聘。

　　失去了教职的辜鸿铭，家无余资，生活一度困顿。后来经人推荐，在一家日本人办的报纸《北华报》里充任总编辑。正应了他的话："中国人不识古董，所以要卖给外国人。"

　　1924 年 9 月，辜鸿铭经他的老朋友日本人鹫泽吉次的推荐，应朝鲜总督斋藤实子爵之邀，前往汉城（2005 年改称首尔）游览观光。日本"大东文化协会"得知此事，马上邀请辜鸿铭到日本讲学。辜鸿铭欣然应允。

　　1924 年 10 月，辜鸿铭到达东京，受到大东文化协会负责人和各方面人士的热烈欢迎。此后，他在东京、京都、大阪、神户、滨松等地巡回演讲。演讲的题目主要有《何为文化教养》《中国文明史的进化》《日本的将来》《东西文明异同论》《关于政治与经济的真谛》等。11 月 16 日，应他的族弟、台湾著名实业家辜显荣之邀，辜鸿铭又到台湾作了短期的讲学。之后又一度回国休养。至次年 4 月下旬，受大东文化协会正式招聘，再度到日本。1925 年，他在日本东北五县作报告期间，收到奉系军阀张作霖聘他作顾问的函帖，赴奉天会见张氏。因话不投机，又返回东京。同年夏天，被聘为大东文化学院临时教授，讲授文化比较和语言学等课。这一段时间，他的演讲主要有《政治和社会的道德基础》《什么是民主》《告欧美人》《纲常名教定国论》《中国古典文化的精髓》等。

辜鸿铭在日本三年期间，讲学或授课活动主要围绕下面几个方面的问题：

一、弘扬东方文化。他进一步发挥了《春秋大义》中的观点，从整个中日文化同构因素的分析，来全面系统地论述东方文化的精神，并在同西方文化的比较中显示东方文化的优越。辜鸿铭言简意赅地道出了东西方文明的区别。他认为东方的文明是精神的文明、心灵的文明；西方文明是物质的文明、机械的文明。西方的文明虽然在科学技术、物质生活上取得东方所不可比拟的成就，有着现代化的机械与武器，但因精神上的缺陷导致人伦规范与精神的危机，因此这种文明是不稳固的甚至是具有危害性的。与之相比，东方人富有情感与正义，有着丰富而充实的精神生活，这才是不败的动力。总之，东方文明与西方文明"从根本上来说，前者就像已经建成的屋子那样，基础巩固，是成熟的文明；后者则还是一个正在建筑当中而未成形的屋子，是一种基础尚不牢固的文明"。

二、对日本振兴东方文化寄予厚望。辜鸿铭大谈中日两国民族关系，特别是文化源流及承递关系，认为日本与中国在种族特征、文字制度和风俗文化上有诸多相似之处。今天的日本之所以能成为东亚的强国，不仅仅是因为学习西方的技艺，最主要的还是因为保存了中国的"汉唐古风"，重义和崇尚气节。他赞美日本人的忠诚、日本妇女的柔顺贤惠和牺牲精神，对日本民族及日本人的高尚品格和实干精神表示钦佩。辜鸿铭甚至认为，日本是中国古代灿烂的唐宋文化的继承者，更是中国文明最好的传世者，所以"今日的日本人是真正的中国人，是唐代的中国人。那时中国的精神，今天在日本继续着，而在中国却已大部失传了"。

辜鸿铭把复兴中国文明的任务，竟然寄托在了日本身上。他曾多次公开地说，日本今天学习西方的现代文明，只应该把它当作保持从中国继承来的伟大文明的一件利器，必须防止日本和中国的日益西化。"为了保护住这个文明，日本必须把复兴真正的中国文明引为自己的天职""给全体东洋的人民带来真正的中国文明的复兴，是日本的神圣使命"。

三、对西化的批判。在对日本民族进行褒扬的同时，辜鸿铭也对日本国内的军国主义倾向有所警惕和批判。一方面，他幼稚地把日本军国主义对中国的入侵以及由此而引起的中国人民反日排日的矛盾比作兄弟阋墙的常事，是内部的矛盾；另一方面，他也在批评日本扰乱东亚的行为。深得中国传统文明精髓的日本怎么会发展出军国主义呢？辜鸿铭认为这是日本近年来"西化"的结果，正是由于西化，所以才会感染上西方社会好战尚力的弊病。他说："人们常说日本是军国主义，把日本军国主义化的不正是欧美吗？"他要告诉人们的是，只有儒家传统的道德才能振兴东方，舍此的任何西化都是有害的。他对日本人近来习俗的西化大为不满，甚至破口大骂。他在日本东北五县演讲期间，有一次在路上看到当时的日本著名的画家和诗人竹久梦二和一个女人肆无忌惮地卿卿我我时，便猛然用日语大喝一声："就是没有治洋气病的药。"使一车人为之大惊。在东京，有一次他到上野公园散步，遇到公园里一对手挽手的热恋男女，在同他们擦身而过的刹那间，又用日语大声叫道：

"日本危险!"出言迅速，声色俱厉，让人对这个拖着长辫的小老头哭笑不得。他把当时流行的剪短发的摩登女郎叫作"短毛贼"，说："现在的摩登女郎(modern girl)，日本报纸也有译摩登作'毛断'的。我认为这译名，可以望文生义，译得异常恰当。因为现在的摩登女郎都流行着剪发，剪发就是毛断，毛断便成摩登。太平天国的兵民，人家都称他做长毛贼，现在的摩登女郎为什么不可以称她为短毛贼呢?"

辜鸿铭赴日讲学近三年，到处游历、演讲。开始，所到之处都受到日本民众的热烈欢迎。据说，辜鸿铭曾经是打算在日本终其一生的。但是到1927年，随着中日关系的恶化，他的那套学说的听众与信徒越来越少，逐渐遭到冷落和白眼。他复兴东方文化的最后一个希望落空了。1927年秋一个阴雨连绵的日子里，辜鸿铭孤身寂寞踏上归船，返回了北京故里。

从日本回国之后，辜鸿铭就一直蛰居在北京椿树胡同的那座小院里。晚年的辜鸿铭，在生活上相当贫困，甚至发生过无钱买米的情况。

1928年初，山东军阀张宗昌曾任命辜鸿铭为山东大学校长。然而还未及赴济南应命，辜鸿铭就病倒了。这年3月，辜鸿铭突患感冒，继之头晕目眩，高烧不退。曾请附近法国医院的医生前来看过，但服药并未见效。据说，病中的辜鸿铭，不时地要爱女珍东为他用原文朗诵弥尔顿的诗——《失乐园》，这是他一生中背过五十余遍的不朽作品。4月30日，辜鸿铭病逝于北京那座小院的家中，享年七十二岁。辜鸿铭曾概括自己的一生是"生在南洋，学在西洋，婚在东洋，仕在北洋"，自称"东西南北之人"。这个东西南北人，就这样走了!

辜鸿铭去世后，国闻社和《大公报》发了简短的消息。废清宣统帝溥仪特别赏银治丧，并赐"含谟吐忠"四字以彰之。

附　录

年　谱

1857 年（清咸丰七年）　生于马来亚的槟榔屿。父辜紫云，华侨，时为英人布朗橡胶园经理。

1867 年（同治六年）　是年前后，由英人布朗夫妇带往欧洲留学，开始在欧洲十余年留学生涯。

1873 年（同治十一年）　考入英国爱丁堡大学，专攻文学，师从卡莱尔等人。

1877 年（光绪三年）　以优异成绩获得爱丁堡大学文学硕士学位。

1880 年（光绪六年）　是年前后，返回马来亚槟榔屿。不久奉派至新加坡海峡殖民政府辅政司任职。

1882 年（光绪八年）　是年前后，在新加坡得遇马建忠，在马的影响下辞殖民政府之职而回槟榔屿。补习汉文，易服留发结辫。同年，以翻译身份随一支英国探险队前往中国。后辞职折往香港。

1883 年（光绪九年）　在上海《字林西报》发表《中国学》，是其生平发表的第一篇有影响的论文。

1885 年（光绪十一年）　张之洞延入幕府，任洋文案，开始对张之洞二十余年的追随。

1889 年（光绪十五年）　张之洞调任湖广总督，随其移节武昌。

1891 年（光绪十七年）　于俄国皇太子和希腊王世子一行来华游历，到武昌访张之洞时为翻译。

1893 年（光绪十九年）　兼任武昌自强学堂讲习。

1896 年（光绪二十二年）　作《上湖广总督张书》，反对学习西方开报馆立议院之弊政，表示彻底折向儒家传统的态度，向张之洞施加保守主义影响。

1898 年（光绪二十四年）　8 月，英译《论语》一书在上海出版，名为《孔子的讲学和格言》，成为中国人中第一个独立地将儒家经典译介给西方的学者。10 月，日本首相伊藤博文访华至武昌，赠其所译《论语》一书，并与之辩论孔教意义。

1900 年（光绪二十六年）　作《我们愿为君王去死，皇太后啊！——关于中国人民对皇太后陛下及其权威真实感情的陈述》，设法送交英国首相索尔伯兹等西方政府首脑。12 月以英文发表《关于中国问题的近期札记》之（一）。

1901 年（光绪二十七年）　年初，将《我们愿为君王去死，皇太后啊！——关于中国人民对皇太后陛下及其权威真实感情的陈述》一文发表在《日本邮报》上，呼吁列强在“必尊两宫”的前提下尽快与中国议和。1~5 月，用英语写就《关于中国问题的近期札记》之（二）至之（五），诋英、德、法、美等国之隙。其间，发表《为了中国的良治》一文，谴责列强对中国内政的干涉。不久，以英文重新发表《为吾国吾民辩：现代传教士与最近骚乱关系论》，抨击西方传教士在华的传教；并撰《文明与无政府状态》，首次明确和较为系统地阐明对文明和东西方文化的看法。11 月，将近一年来发表的有关文论结集出版，题名为《总督衙门来书》，中文名为《尊王篇》。

1903 年（光绪二十九年）　张之洞奉特旨入京陛见，随张北上。

1904 年（光绪三十年）　日俄战争爆发，在《日本邮报》连载《日俄战争的道德原因》，偏袒日本，批判包括俄国在内的西方列强。英译《中庸》成，在《日本邮报》上连载。

1905 年（光绪三十一年）　被保荐为上海黄浦河道局总办。任内曾力争惩办贪污巨款之洋人、折冲德船撞沉中国民船案件。

1906 年（光绪三十二年）　年初，《日俄战争的道德原因》在上海结集出版。3 月，将此书和《尊王篇》一起转呈托尔斯泰。10 月，托尔斯泰亲自撰长信回复，并将此信公开发表。年终，英译《中庸》一书在上海出版，题名为《人生准则和宇宙秩序》。

1907 年（光绪三十三年）　张之洞进京入阁拜相，随同入京。

1908 年（光绪三十四年）　是年前后，任外务部员外郎。撰《上德宗皇帝条陈时事书》。10 月，托人将《中庸》和《大学》的译本带给托尔斯泰。

1909 年（宣统元年）　是年前后，晋升郎中，擢左丞。托尔斯泰八十寿辰，代表中国文艺界人士撰写中英文祝辞，通电祝贺。

1910 年（宣统二年）　1 月，清廷列其为"游学专门"一等，赏以文科进士，列严复之后。2 月，以英文出版《中国牛津运动故事》一书，总结近代中国反对欧洲物质实利主义文明运动的历史经验。年底出版汉文著作《张文襄幕府纪闻》。同年，辞去外务部职，就任上海南洋公学监督。

1911 年（宣统三年）　卫礼贤将其《中国牛津运动故事》一书译成德文出版，题为《为中国反对欧洲观念而辩护：批判论文集》，深受德国新康德主义者欢迎，被列为哥根廷大学哲学系学生必读书。

1912 年　1 月，中华民国临时政府成立。袁世凯担任中华民国临时大总统。作文屡攻袁氏，拒绝为其效力。以遗老自居，留辫抗世。是年离开上海，在青岛避居，与主张复辟的"宗社党"等人物有密切往来，旋赴北京。

1913 年　应五国银行团之聘，任翻译。获诺贝尔奖文学奖提名，最后泰戈尔摘得桂冠。

1915 年　4 月，以英文在北京出版《中国人的精神》（中文名《春秋大义》）一书，鼓吹中国文明救西论，在西方引起轰动。是年前后，被北京大学聘为教授。

1916 年　《春秋大义》被译成德文在德国出版。

1917 年　参与张勋复辟，被任命为外务部侍郎。复辟失败后，为北大新任校长蔡元培续聘，仍在北大英文门教书。

1919 年　7~8 月，先后以英文发表《反对中国文学革命》和《归国留学生与文学革命》两篇文章。

1920 年　在美国《纽约时报》的"星期杂志"上发表《没有文化的美国》一文。

1921 年　接待专程来访的英国著名作家毛姆。接受日本著名作家芥川龙之介的采访。

1922 年　由罗振玉代选并作序的汉文著作《读易草堂文集》出版。《春秋大义》一书英文版在北京重版。《尊王篇》在日本再版。

1924 年　年初，受废帝溥仪召见。5 月，在北京欢迎访华的印度诗人泰戈尔。10 月，应日本大东文化协会邀请赴日讲学，做多次演讲和讲座。11 月，应族弟、台湾著名事业家辜显荣之邀，赴台湾短期讲学。

1925 年　4 月下旬，再度应邀赴日讲学。5 月，张作霖来函邀做顾问，回国，与张不合。7 月返日。是年，日本大东文化协会编辑出版《辜鸿铭讲演集》。

1927 年　秋天由日本回国。《春秋大义》法文版在巴黎出版。

1928 年　4 月 30 日病逝于北京家中。

主要著作

外文著作：

1.《Papers from a Viceroy's Yamen：A Chinese Plea for the Cause of Good Government and True Civilization》（中文名为《尊王篇》），是辜鸿铭自义和团运动以来，陆陆续续发表于《日本邮报》等报刊上的系列英文政论文章的合集。1901 年在上海结集出版。

2.《ET nunc，reges，intelligite！The Moral Cause of the Russia-Japanese War》（中文名为《日俄战道德原因》），1904 年 12 月 10 日起在《日本邮报》上连续发表，1906 年在上海结集出版。

3.《The Story of a Chinese Oxford Movement》（中文名为《中国牛津运动故事》，又名《清流传》），乃辜鸿铭为纪念张之洞而作，1910 年首次在上海出版。

4.《The Spirit of the Chinese People》（中文名为《中国人的精神》，又名《春秋大义》或《原华》），这是辜鸿铭向西方宣传中国传统文化的代表作。1915 年在北京首次出版，后来有德、法、日文译本问世。

5.《Vox Clamantis》（《呐喊》，又名《哀诉之音》），这是德国学者奈尔逊教授翻译的辜鸿铭的论文集。1920 年在德国莱比锡出版。

6.《辜鸿铭讲演集》，主要是辜鸿铭在日本讲演的论文，由日本大东文化协会集结而成，1925年在日本刊行。

7.《辜鸿铭论集》，主要篇目从《辜鸿铭讲演集》和《中国人的精神》中选译，由日本友人萨摩雄次于1941年在日本编译出版。此外，辜鸿铭在《字林西报》（又名《华北日报》，North China Daily News）、《日本邮报》（Japan Weekly Mail）、《北京日报》（Beijing Daily News）、《密勒氏远东评论》（Millard's Review of the Far East）、《华北正报》（North China Standard）、《泰晤士报》（The Times）等外文报刊上发表文章多篇。

译著：

1.《The Discourses and Sayings of Confucius：A New Special Translation, Illustrated With Quotations From Goethe and Other Writers》（《论语》），1898年在上海出版。

2.《The Universal Order or Conduct of Life》（《中庸》），1904年起在《日本邮报》上连载，1906年在上海出版。

3.《痴汉骑马歌》（《The Diverting History of John Gilpin, Linen Draper》），20世纪初年由商务印书馆出版。

中文著作：

1.《张文襄幕府纪闻》，1910年出版。

2.《读易草堂文集》，1922年出版。

3.《辑蒙养弦歌》，今已不存。